VALOR PRESENTE

A ESTRANHA CAPACIDADE DE VIVERMOS UM DIA DE CADA VEZ

PEDRO SALOMÃO

VALOR PRESENTE

A ESTRANHA CAPACIDADE DE VIVERMOS UM DIA DE CADA VEZ

2ª edição

best.
business

RIO DE JANEIRO | 2021

CIP-BRASIL. CATALOGAÇÃO NA PUBLICAÇÃO
SINDICATO NACIONAL DOS EDITORES DE LIVROS, RJ

S17v
2ª ed.

Salomão, Pedro
Valor presente: a estranha capacidade de vivermos um dia de cada vez. – 2ª ed. – Rio de Janeiro: Best Business, 2021.

ISBN 978-65-5670-003-8

1. Eficiência organizacional. 2. Administração do tempo. 3. Autorrealização (Psicologia). 4. Relações humanas. I. Título.

20-65696

CDD: 650.11
CDU: 005.962.11

Leandra Felix da Cruz Candido – Bibliotecária – CRB-7/6135

Copyright © Pedro Salomão, 2020

Redação final: Marília Lamas

Todos os direitos reservados. Proibida a reprodução, armazenamento ou transmissão de partes deste livro, através de quaisquer meios, sem prévia autorização por escrito.

Texto revisado segundo o novo Acordo Ortográfico da Língua Portuguesa.

Direitos exclusivos desta edição adquiridos pela Best Business, um selo da Editora Best Seller Ltda.
Rua Argentina 171 - 20921-380 - Rio de Janeiro, RJ - Tel.: (21) 2585-2000.

Impresso no Brasil

ISBN 978-65-5670-003-8

Seja um leitor preferencial Record.
Cadastre-se em www.record.com.br
e receba informações sobre nossos lançamentos e nossas promoções.

Atendimento e venda direta ao leitor:
sac@record.com.br

Sumário

Agradecimentos • 07
Prefácio: A sabedoria de Salomão, *por Leandro Karnal* • 09
Introdução • 13
1. Pandemia de humanização • 21
2. O tempo voa? • 33
3. A consulta • 47
4. A pressa é inimiga da... humanização • 63
5. Meus professores • 77
6. O poder transformador do afeto • 95
7. O presente do futuro • 109
8. A conquista da imortalidade • 121

Agradecimentos

Aos meus filhos amados, Maria e Bento, por me ajudarem a encontrar as melhores lembranças do meu passado, por eternizarem cada momento presente e por me fazerem cada dia melhor para construir um futuro pleno!

Prefácio

A sabedoria de Salomão

"Tudo tem o seu tempo determinado, e há tempo para todo propósito debaixo do céu"

(Eclesiastes 3:1)

Salomão, terceiro rei de Israel, é apontado como autor de vários livros da Bíblia. O sábio filho de Davi indicou, no capítulo três do texto que serve de epígrafe a este prefácio, a existência de um tempo para tudo, inclusive para nascer e morrer, plantar e arrancar o que se plantou. Homem de fé, ele sugere um organizador maior que alinha e relativiza o esforço humano diante da pressão cronológica. O "alinha" se refere ao fato de que tudo ocorre a partir de um plano mais vasto; o "relativiza" identifica que o tempo também foi criado pelo Todo-Poderoso, logo, serve a um propósito que pode escapar ao olhar imediato. Idólatras compulsivos, nós humanos sempre queremos bezerros de ouro e planilhas de agenda. Imaginamos que podemos controlar, inclusive, a única commodity que jamais poderá ser estocada ou dominada. Como garantiria outro sábio do texto sagrado, quem, por mais que se preocupe, pode acrescentar um dia a sua vida ou alguns centímetros a sua estatura? (Mt 6:27). A sabedoria do rei Salomão indica a inutilidade da pretensão humana sobre o tempo. Outro Salomão, o Pedro, seguiu a trilha do soberano hebreu. Conheci o xará do monarca em um aeroporto. Ele veio a mim com um livro e um sorriso. Descobri, depois, que a alegria era parte da estrutura molecular dele. Otimista e entusiasmado; quase um arquétipo dos nascidos na cidade do Rio de Janeiro. Camisas floridas, em contraste com meu onipresente blazer, anunciavam um dia de sol, aquele mesmo astro que eu o acusaria, depois, de ter engolido em algum momento da infância. Pedro Salomão dorme feliz e acorda entusiasmado. Um privilégio para quem convive com ele, ou... um desafio, sussurra a resignada esposa. Não entraremos no mérito da fonte de alegria radiante que anima o, hoje, meu amigo. Ele é o inspirado autor de *Valor presente: a estranha capacidade de vivermos um dia de cada vez.*

Li o original do livro com muita atenção. Há uma reflexão bem-feita, com excelente base e uma narrativa fluida sobre a importância do momento presente. Estar de corpo e alma na ação e incluir-se em todas as nuances e modalidades do nosso ser, esta é a recomendação do grande Fernando Pessoa: "Para ser grande, sê inteiro: nada teu exagera ou exclui. Sê todo em cada coisa. Põe quanto és no mínimo que fazes." Aqui está o *leitmotiv* da obra. Vamos do começo com a jovem colega e o tarô até o fechamento com cena da avó e a dúvida do neto. Sempre, a todo instante, o livro trata de uma questão enorme: o momento presente e a inutilidade da angústia como elemento de felicidade.

A tecnologia, a pressão contemporânea, a epidemia e o imperativo da eficácia parecem ter conseguido muito, menos provocar uma humanidade melhor e mais realizada. Foram horas de muita reflexão com o livro do Pedro nas mãos. Por vezes eu me via retratado como no "campeonato do avião", pois sempre sou o primeiro a levantar quando pousamos. Em qual momento da minha vida parecer sempre apressado e ocupado passou a ser motivo de orgulho? Por que eu ostentei minha exaustão estressada como prêmio e não como defeito estrutural da minha estratégia? Por que eu teria visto a ansiedade como maturidade e a pressa como algo desejável? Fiz longas e densas reflexões.

O aprendizado com o livro foi, para mim, uma grande lição e um aumento de consciência. Só tenho o momento atual para produzir algo significativo na minha jornada. Pedro escreveu para mim, suponho: "O apressado tem tanta coisa pra fazer, que vive para dar check nas suas tarefas. Não tem tempo para sorrir. Desenvolve um mau humor crônico, porque acredita que o mundo é culpado pela sua falta de tempo. Mira nos resultados, esquecendo-se de curtir o processo."

Assim, se o carioca de camisas floridas pode ensinar muita coisa a um gaúcho de blazer, é porque o sol da alegria consciente produz fotossíntese nas samambaias mais reclusas. Entregue-se ao momento do livro, desligue o cérebro do remorso do antes e da angústia do depois e viva o presente libertador de aprender. Seja sábio como os Salomões. Mire na alegria como o Pedro. Feliz é substantivo do tempo do livro e da vida. Feliz também vira adjetivo se o tempo for bem avaliado. O sábado foi feito para o homem, não o homem para o sábado, disse Jesus uma vez (Mc 2:27). O resto? São os que aguardam, tortos e ansiosos, no corredor do avião. São rápidos, analisam mensagem, pulam como uma jaguatirica e, sempre, chegam primeiro ao final do dia, exaustos de tanta pressa e medo de viver. Boa leitura!

Leandro Karnal

INTRODUÇÃO

"A gente se comove facilmente com a ideia de que alguém preveja o nosso futuro, mas pouco se sensibiliza com a oportunidade diária de viver o presente."

Era uma vez dois jovens estudantes que conversavam sobre o futuro no corredor de uma grande universidade carioca. Ele, um rapaz de muita fé, oriundo de uma família católica libanesa, parte maronita, parte ortodoxa. Ela sempre se sentiu atraída por magia natural, ancestralidade e oráculos, e tinha uma habilidade ímpar com as cartas de tarô. Tentou convencer aquele cara — cético em relação a tudo isso, mas apegado à religião — a deixá-la praticar a técnica que estava aprendendo com as cartas. Ele disse que não, que não precisava daquilo. "Leva como uma grande brincadeira", propôs a garota.

Ele aceitou, é claro, e a menina foi fazendo previsões enquanto decifrava aquelas lâminas recheadas de símbolos. Sua primeira previsão foi que o trabalho que o rapaz desempenhava naquele momento, que lhe trazia alguma fama e relativo sucesso, não duraria para sempre. Ele encontraria outra ocupação que, aí sim, lhe traria mais projeção e mais recursos financeiros. Disse também que aquela namorada por quem ele era apaixonado não era o verdadeiro amor da vida dele. Falou sobre amizades, trabalho, dinheiro... Arriscou até mesmo uma previsão sobre a saúde do pai do rapaz. A brincadeira terminou com o clima leve de sempre, um papo divertido, como tantos outros, e um abraço dos dois.

Vinte anos depois, quase tudo o que aquela jovem disse enquanto jogava tarô para o amigo no corredor da universidade aconteceu. O garoto da história sou eu, como você já deve imaginar. A garota é Joana Bahiense, minha amiga até hoje. Mãe de três meninos e que durante muito tempo conciliou a carreira de designer com o aprofundamento em estudos sobre tarô e terapias integrativas, e hoje vivencia sua espiritualidade utilizando esse dom como missão de vida para orientar pessoas e projetos solidários. Ela acertou quase tudo o que aconteceria na minha vida, com riqueza de detalhes, o que, por si só, já poderia me fazer acreditar no poder das cartas. Mas, apesar dos acertos impressionantes da minha querida Joana, eu continuo, vinte anos depois, a ser um cara com os pés fincados no presente.

Já não sou mais o garoto que batia papo nos corredores da PUC — o cabelo certamente já está mais ralo! Talvez eu tenha, agora, um pouquinho mais de sabedoria do que tinha naquela época. Hoje, tenho ainda mais vontade de me juntar a pessoas que me ajudem a viver o presente, que valorizem ou eternizem pequenos fragmentos do presente e, assim, colaborem comigo na construção de um futuro feliz, despretensiosamente.

No livro *Zadig, ou O Destino*, o filósofo Voltaire fala, com deliciosa ironia, sobre a infelicidade que se abate sobre nós quando acreditamos que o destino é incontrolável, que tudo o que acontece em nossas vidas tem uma causa que foge ao nosso controle, como uma sina. Ao fim de suas reflexões, Voltaire descreve a felicidade como algo que é construído a partir da nossa capacidade de viver o dia a dia. É assim que eu me sinto a respeito das previsões do futuro: é tão mais gostoso descobrir e viver, dia a dia, o que a vida nos reserva!

A possibilidade de prever o futuro é quase irresistível — enquanto eu contava essa história, Marília, minha esposa, perguntou se ainda tenho o contato da Joana e se ela ainda joga tarô! Interessante comentar que assim que incluí essa passagem no livro, pensei em escrever para Joana pedindo autorização para citá-la. Surpreendentemente, antes mesmo que eu pudesse fazer esse contato, ela me escreveu... São essas sincronicidades da vida, pequenos presentes divinos, que apenas podemos perceber quando estamos de fato vivendo no aqui e agora. Tivemos a oportunidade de pôr o papo em dia, e ela fez questão de frisar que tudo que foi projetado vinte anos atrás apenas aconteceu porque eu segui firme sendo exatamente quem eu era. Não deixei que nada do que ela falou sobre o futuro influenciasse o que eu estava vivenciando e conquistando no meu presente. E atualmente, ainda que nós dois tenhamos uma espiritualidade diferente, concordamos com a ideia de que o "hoje" é o maior presente que a vida nos dá.

Essas linhas carinhosas são também uma homenagem a essa lembrança tão gostosa da nossa amizade. Mas essas memórias me trouxeram também uma reflexão: a gente se comove facilmente com a ideia de que alguém preveja o nosso futuro, mas pouco se sensibiliza com a oportunidade diária de viver o presente.

Este livro é, portanto, um convite: para construir um futuro feliz e tranquilo, vivamos o presente. Sem pressa.

1.
PANDEMIA DE HUMANIZAÇÃO

"Pare o mundo que eu quero descer."

"Pare o mundo que eu quero descer." Quantas vezes você já ouviu alguém dizer essa frase? Tá, pode confessar: quantas vezes você mesmo já disse essa frase? Pois é. Atendendo a pedidos, o mundo parou. Mas não foi do jeito que a gente imaginava, com uma nave passando e recolhendo só quem faz parte da nossa "bolha" e levando para um mundo melhor e mais feliz. Pelo visto, não vai ter jeito: se a gente quiser um lugar melhor e mais feliz para viver, vai ter que trabalhar para isso neste mundo aqui mesmo.

Em março de 2020, enquanto eu escrevia este livro, a humanidade entrou em quarentena. O isolamento social foi indicado pelos especialistas como o melhor método para impedir o avanço do novo coronavírus, ou Covid-19, que já matou milhares de pessoas no mundo inteiro. Por isso, estamos todos vivendo uma quarentena voluntária, seguindo a instrução mais repetida nos últimos tempos: "fique em casa". À exceção de hospitais, supermercados, farmácias e outros serviços essenciais, tudo parou. Com os escritórios fechados, quem tem esta possibilidade está trabalhando de casa, remotamente. Empresários fazem esforços para adaptar seus negócios à nova rotina da sociedade. Lojistas e donos de restaurante investem nas vendas pela internet e nas entregas em domicílio. Impedidos de fazer shows, artistas tocam os sucessos de suas carreiras direto de suas casas e transmitem shows ao vivo pelo YouTube, para alívio dos fãs entediados. Em poucos dias, tudo mudou e a gente teve que se reinventar.

Escrevo da minha casa, sem saber quanto tempo de quarentena ainda temos pela frente, mas com uma certeza: a de que o mundo que vamos encontrar depois do isolamento não será o mesmo que deixamos quando nos recolhemos. A questão é: que novo mundo será esse? Será que finalmente teremos o tal "mundo melhor", tão desejado, evocado em canções, sonhado por todos? Ou será que os impactos causados pelo coronavírus na saúde e na economia vão nos levar a uma situação ainda mais difícil que aquela em que nos encontrávamos antes? Será que vamos nos recuperar?

Bom, se você me conhece um pouquinho, o que eu vou dizer agora não vai surpreender: eu estou otimista. Tem gente que não vê motivo para isso e diz que tal otimismo é, no fundo, uma negação, uma esperança ingênua, fruto da nossa aflição. Como se, por acreditar que sairemos melhores dessa situação, nos recusássemos a aceitar que passaremos por todo esse sofrimento em vão. Pode até ser. Mas se a gente pensar que o mundo é feito pelas pessoas, por nossas escolhas, atitudes e gestos, então fica claro que essa mudança está em nossas mãos. Sempre esteve, aliás. Mas agora estamos reabastecidos por dois potentes combustíveis: a esperança e o desejo de mudança.

Eu jamais compararia essa quarentena a um presente, afinal, o coronavírus tem causado sofrimento a muita gente. Estamos vivendo uma crise muito difícil, é inegável. Mas, como minha própria trajetória me mostrou, as crises trazem grandes oportunidades e, se soubermos como e estivermos dispostos a aproveitá-las, podemos, sim, sair dessa muito melhores. Pronto, o mundo parou. Agora só falta a gente descer.

Descer do mundo, a essa altura do campeonato, pode ter diversos significados. Basta que a gente se lembre de quando desejou com toda a força que tudo parasse de vez: durante uma crise no casamento, depois de ler uma notícia sobre a violência urbana, ouvindo um parente discordar furiosamente de nós quando o assunto era política, exaustos depois de um dia inteiro de trabalho, sofrendo com a pressão e a competição no escritório. Será que, agora que o mundo parou, nós já mudamos ou, pelo menos, repensamos as atitudes que nos levaram a todas essas situações no passado?

Agora que estamos trabalhando em casa, que não perdemos mais horas no trânsito, será que temos mais tempo para dedicar à família? Ou trabalhamos o dobro, o triplo, ansiosos para mostrar serviço? Desembarcamos da nossa pressa avassaladora para finalmente viver o dia, aproveitar o momento presente? Estamos aproveitando esse tempo para conhecer melhor e dar atenção a filhos, marido, esposa, pais?

Quantas vezes você desejou poder almoçar com seus filhos em uma terça-feira à tarde? E agora, que você pode, como está sendo o almoço em família? Tem conversa, olho no olho, ou cada um fica absorto em sua tela, respondendo a e-mails de trabalho ou jogando online? Exercitamos a tolerância, agora que somos forçados a conviver 24 horas por dia com as pessoas que moram conosco, ou brigamos por qualquer pequeno problema do dia a dia? Fazemos tanto pelo dinheiro, pelo mérito, pelo status; será que fazemos algo por nós, verdadeiramente por nossa evolução? Olha, essa narrativa do dinheiro, que tanto nos aprisiona, me fez lembrar uma inesquecível frase do meu amigo Padre Jorjão: o dinheiro pode construir mansões, mas só o amor constrói um lar. E quanto amor anda faltando em tantos lares!

Mas a discussão vai muito além da vida doméstica. É preciso que a gente se pergunte, por exemplo: como as empresas estão cuidando de seus funcionários agora? São capazes de entender que a saúde mental deles pode estar abalada, que leva tempo até que as pessoas se adaptem ao tal *home office*? Os chefes estão sendo compreensivos ou aumentaram a carga de trabalho, para garantir que ninguém relaxe por estar em casa?

Se o momento é de pensar no coletivo e levar alento às pessoas, vale ainda questionar por que as lives feitas pelos artistas se transformaram em uma disputa pelo maior número de visualizações, pela melhor produção ou maior taxa de engajamento. Será que nos perdemos, tão cedo, do nosso objetivo principal, que era melhorar como seres humanos?

Bem, mas eu dizia que era otimista! E sou mesmo. Mas não sou ingênuo a ponto de imaginar que a humanidade poderia evoluir tão rapidamente. Estamos em processo de mudança, mas enxergo, de verdade, o esforço que muitos de nós vêm fazendo, e sinto que, passado o susto, podemos nos organizar melhor como sociedade. A pandemia mostrou que somos seres necessariamente coletivos: ou temos saúde e bem-estar para todos ou não temos nenhuma saúde e nenhum bem-estar. Diante de um vírus altamente contagioso, de nada adianta comprar todo o estoque de álcool em gel do supermercado e não deixar nada para o seu vizinho: caso ele se contamine, você corre risco e pode acabar morrendo abraçado às suas garrafas de álcool. O egoísmo não tem vez agora. De nada adianta ter um plano de saúde caríssimo, aceito nos melhores hospitais da cidade, se não há leitos suficientes porque há muita gente doente. Se a saúde pública, gratuita, não for extremamente eficiente, toda a sociedade está em risco, dos mais pobres aos mais ricos. Olhando um pouco mais além, de nada adianta poder comprar carro importado, relógio de ouro e morar em frente ao mar se você tem medo de sair na rua porque lá fora a pobreza empurra as pessoas para a violência. Se ainda não havíamos entendido a necessidade de olhar para o coletivo, agora essa urgência está escancarada na nossa frente. Não podemos mais fingir que não vemos.

Muito antes das recomendações da Organização Mundial da Saúde (OMS), já tinha gente vivendo em quarentena e o mundo fingia não ver. Nas comunidades, sempre houve *lockdown*. Comércio fechado, restrição do ir e vir, medo de ir até o portão de casa ou de perder um parente a qualquer momento — tudo isso que estou vivendo agora já era a realidade de muitas pessoas, que viviam outro tipo de quarentena, não a sugerida, mas uma imposta. Também fingíamos não ver o isolamento que era a rotina de muitas crianças, aprisionadas em suas telas e atividades extracurriculares enquanto os pais trabalhavam. Tinham os quartos lotados de brinquedos, mas eram privadas de suas companhias preferidas: seus pais. Agora, temos a grande chance de mudar, de olhar para o outro, seja ele um desconhecido que precisa de doações ou um filho que precisa de atenção. Mas, antes de olhar para o outro, é fundamental que a gente consiga enxergar e lidar com a nossa própria vulnerabilidade.

A escritora norte-americana Brené Brown diz que exibir vulnerabilidade não é um gesto de fraqueza, mas de coragem. Muita gente acha que um líder, para ser respeitado, não deve se mostrar vulnerável em momento algum — seja em casa, no trabalho ou em qualquer ambiente. Para Brown, mostrar-se vulnerável é ser realista e aceitar que todos temos limitações, o que é muito mais legítimo que perseguir um modelo irreal de perfeição. E agora, durante a pandemia da Covid-19, tenho a sensação de que estamos vivendo o que eu gostaria de chamar de *vulnerabilidade coletiva*. Neste momento em que estamos todos aflitos, com medo de falir, de não conseguir pagar o aluguel, olhamos para os lados e vemos nossos amigos aflitos, falidos e com medo de não conseguir pagar o aluguel também. A parte ruim é não ter a quem pedir dinheiro emprestado; a boa é que, diante da *vulnerabilidade coletiva*, nos sentimos mais livres para exibir a nossa. A partir daí, podemos pensar juntos em soluções para a sociedade. Talvez seja esse o ponto de partida para a mudança definitiva que buscamos há tanto tempo. Precisávamos de um momento de *reset* coletivo, uma espécie de atualização no sistema humano que temos instalado em nós.

Além da preocupação que todos temos com a saúde e as finanças nesse momento, a pandemia deixou claro que não nascemos para viver isolados, longe uns dos outros. Nascemos para estar em grupo, para pertencer. Precisamos uns dos outros e, mais que isso, afetamos uns aos outros. Agora, impedidos de encontrar os amigos, de abraçar aqueles que amamos, é inevitável que estejamos sofrendo, e todos sabemos disso. Não é preciso ter pudor para confessar sentir saudade depois de tanto tempo sem abraçar um amigo. Sempre fomos vulneráveis, mas agora nos sentimos mais confortáveis para assumir e acolher esse sentimento.

Tenho visto homens e mulheres se abrirem na internet para falar de seus medos, inseguranças e fantasmas. Esse modo de desabafo coletivo, que desperta identificação e empatia enormes, me faz crer que podemos encontrar juntos a solução para viver melhor. Percebo que agora estamos aprendendo a juntar o mundo analógico e o digital em proporções mais equilibradas e de um jeito mais adequado. Nossos encontros com as pessoas que não moram conosco passaram a ser exclusivamente digitais, e o contato humano nunca fez tanta falta. As reuniões virtuais agora têm um tom de saudade, de angústia, uma vontade de abraçar aqueles que estão longe. Isolados, fazemos planos para festas, viagens e encontros "depois que isso tudo passar". Aliás, agora tenho outras duas certezas: a de que essa crise vai passar e a de que o que fizemos ou deixamos de fazer com o nosso tempo também vai passar. Aprendemos, com a dor, a valorizar a presença, o presente e o encontro. Finalmente, entendemos que não é possível trocar um abraço por uma mensagem de WhatsApp, uma conversa olho no olho por uma chamada de vídeo. Faz falta sentir o cheiro, o calor, a textura da pele de quem a gente ama e que tela nenhuma pode captar.

E o mundo lá fora? Será que, quando pudermos finalmente sair livremente pelas ruas, estaremos atentos à paisagem, ao caminho, às pessoas que passam por nós, em vez de correr de um compromisso ao outro, olhando para o chão ou digitando uma mensagem no celular? Tenho a sensação de que, quando pudermos sair novamente, tudo terá outro significado: ir à praia, encontrar um amigo e poder cumprimentá-lo com um beijo, almoçar com os colegas do escritório, abraçar os pais. Tudo isso terá outro valor, porque enfim estaremos presentes. Também acredito que estaremos mais abertos, mais receptivos depois de compartilhar nossas limitações e dificuldades uns com os outros.

Se tivermos a coragem de nos assumir imperfeitos, podemos finalmente ser contagiados pelo vírus da humanização. O primeiro sintoma do contágio por esse vírus é a desaceleração, que vem quando a gente passa a diferenciar a pressa da velocidade. Em um momento como este, de ansiedade excessiva, com a sociedade se redesenhando, a última coisa que devemos cultivar é a pressa. O apressado é necessariamente um egoísta, porque acha que seu tempo vale muito mais que o dos outros: não pode esperar por ninguém, está sempre atrasado, nunca está por inteiro em um lugar e tem a estranha habilidade de fazer o tempo faltar. Não aproveita o caminho, nem lhe sobra tempo para sorrir, desperdiça o melhor da vida. Já aquele que é veloz tem o dom de fazer o tempo sobrar. Agora, que supostamente temos tempo de sobra, estamos aproveitando a vida ou seguimos com pressa? Será que aprendemos a ser velozes, curtindo o trajeto, fazendo pausas para admirar o ambiente à nossa volta?

Usain Bolt, o homem mais rápido do mundo, desacelera quando vai se aproximando da linha de chegada. Olha para trás, aprecia o momento, desfruta. Ser veloz é saber estabelecer suas prioridades, manter o bom humor, dedicar tempo ao outro. O tempo, aliás, sempre foi o bem mais caro que poderíamos doar a alguém, mas nesta fase em que estamos todos vulneráveis, o tempo que doamos ao outro se torna ainda mais precioso. Porém, é fundamental fazer bom uso desse tempo: não pedir que ele voe, tentar substituir a pressa pela velocidade. A velocidade é necessária para aprendermos cada dia mais com o novo. No caso atual, o *home office*, o *home schooling*, o *home cooking*, o *home* em tudo. Sem a rapidez de abrir mão dos velhos conceitos, dos paradigmas, de tantas narrativas, seria impossível nos adaptarmos. Quem sabe, assim, a gente, que tanto pediu para o mundo parar porque queria descer, consiga finalmente desembarcar e começar uma viagem nova rumo ao melhor mundo que existe: o nosso.

2.
O TEMPO VOA?

"As crianças de hoje querem de seus pais a mesma coisa que as de vinte, quarenta, cem anos atrás: atenção e presença."

Não sei dizer ao certo o que é que faz das crianças companhias tão boas: a alegria arrebatadora, a energia que não se esgota nunca, o afeto que elas expressam em cada gesto, a inocência de quem está descobrindo o mundo... O fato é que todas as vezes que saio com meus filhos, recebo olhares carinhosos das pessoas na rua. Outro dia, percebi que um senhor observava enquanto eu brincava com o Bento e a Maria na pracinha que fica em frente à nossa casa. As crianças corriam na lama, pra lá e pra cá, e eu corria atrás delas, rindo, na maior farra, até que o senhor que reparava em nós me deu um conselho: "Criança nessa idade é uma delícia, né? Aproveita, porque essa fase passa voando."

Foi um comentário simpático e despretensioso, mas que me fez pensar. Eu tenho 40 anos. Bento, meu filho mais velho, tem 6. Isso significa que eu passei apenas um sexto da minha vida, aproximadamente, na companhia dele. Mas parece que tem muito mais tempo que a gente se conhece e se ama. Já vivemos tanta coisa juntos e ele é tão importante na minha vida que eu às vezes até me surpreendo e me pego pensando: "Faz só seis anos que ele chegou?" Então, sinceramente, eu não acho que a infância dos meus filhos esteja passando rápido demais, mas esse é um comentário que eu escuto de outros pais e mães com muita frequência. Por que será que temos a sensação de que, hoje, o tempo passa mais rápido do que antigamente? A resposta, como quase sempre, está em nós. Não é o tempo que está passando mais rápido. Pode perguntar a qualquer físico, ou até a um fabricante de relógios: não houve qualquer alteração na velocidade com que os ponteiros correm. O que mudou foi a maneira como nós corremos. Nossa relação com o tempo mudou. Todos temos muito mais acesso a informações, muito mais trabalho, muito mais atividades a cumprir. Muito mais distrações. E quando estamos distraídos, de fato, não vemos o tempo passar.

O tempo, em 2020, corre exatamente do mesmo jeito que corria em 1920, quando meus avós nasceram, ou em 1979, quando eu nasci. A diferença é que, quando eu era pequeno, minha mãe, quando estava comigo, era toda minha, sem distrações, sem que outras ocupações nos atrapalhassem. Se hoje eu sou apaixonado por samba, é porque passei horas e horas da minha vida ouvindo Beth Carvalho, Jorge Aragão e Martinho da Vila com ela. Quando estávamos juntos, ela tinha tempo para mim: estava presente.

Hoje, um pai ou uma mãe chega do trabalho e continua recebendo mensagens de seu chefe enquanto janta com os filhos. As crianças de hoje querem de seus pais a mesma coisa que as de vinte, quarenta, cem anos atrás: atenção e presença. Mas estamos distraídos pelas notificações que não param de chegar, ocupados com os compromissos que assumimos com os outros. E aí o tempo passa. Do mesmo jeito de sempre. Mas você, ocupado e distraído, não viu.

À tarde, seu filho gosta de comer um pãozinho francês com manteiga. Sua filha aprendeu no YouTube a fazer uma dança muito divertida. O mais novo está indo mal em matemática, mas é fera em português. Seu filho mais velho provou maracujá puro na feira e descobriu que essa é a fruta preferida dele! Você sabia? Talvez não, mas eu aposto que a babá (ou a avó, ou a professora) sabe de tudo isso. Você também poderia saber, se estivesse presente. Talvez você até estivesse presente, fisicamente, quando todas essas descobertas da vida do seu filho aconteceram. Mas você, ocupado e distraído, não viu.

Não foi por mal. Não se trata aqui de culpar ninguém individualmente. Somos parte de uma sociedade que faz isto conosco: nos ocupa, nos distrai daquilo que é realmente importante na vida, nos impede de estar presentes. E isso não se aplica apenas à relação com os filhos, mas vale para a vida como um todo: a cada dia estamos menos presentes nos momentos que vivemos, mais ocupados e, principalmente, *pre*ocupados, antecipando ocupações. Neste livro, quero propor uma reflexão sobre o uso que fazemos do nosso bem mais valioso: o tempo. Só desfrutamos, de verdade, nosso tempo quando estamos presentes, quando reconhecemos o valor de cada momento vivido.

Quando estamos distraídos, perdemos o melhor da vida, que passa diante dos nossos olhos sem que a gente note. E o pior é que depois ainda tem quem reclame: "O tempo está passando rápido demais!" Será que não é você quem está passando rápido demais pela vida, desperdiçando o seu tempo com o que não é realmente importante? O psiquiatra Augusto Cury tem uma explicação muito interessante para essa sensação frequente de que o tempo vem correndo mais rápido nos últimos anos:

Hoje, vivemos, em média, de 70 a 80 anos e estamos progredindo, mas permita-me fazer outra pergunta: do ponto de vista emocional, vivemos mais ou menos do que os gregos, romanos ou do que se vivia na Idade Média? A Síndrome do Pensamento Acelerado nos leva a viver uma vida tão rápido em nossa mente, que distorce nossa percepção do tempo. Vivemos mais tempo biologicamente, mas morremos mais cedo emocionalmente. Oitenta anos, atualmente, passam mais rápido que vinte anos no passado. A medicina prolongou a vida, e o sistema social contraiu o tempo emocional. (...) Estamos tão atolados com atividades mentais e profissionais que não temos tempo para desfrutar, digerir e assimilar as experiências existenciais. Como disse, estamos na era do *fast-food* emocional, engolimos nosso nutriente. Não sabemos amar, dialogar, ouvir, sonhar, interiorizar, jogar conversa fora.

Fazer uma coisa de cada vez, com tempo e com calma, é o que nos permite ser criativos, inovadores, amorosos. Isso vale para o trabalho, para as relações familiares, para a comida que preparamos, um quadro que pintamos, um serviço doméstico que executamos, para qualquer coisa que façamos, além de definir o tipo de companhia que somos para aqueles que nos cercam.

Se existisse no céu uma espécie de SAC, o anjo responsável por anotar os pedidos e reclamações já estaria cansado de registrar as ligações de gente que gostaria que o tempo passasse mais devagar. Isso é o que as pessoas dizem que querem. Mas experimente deixar uma dessas pessoas que vivem pedindo para o tempo passar mais devagar em uma casa sem televisão e sem celular. Tenho certeza de que, em coisa de dez minutos, o SAC do céu registraria uma ligação de alguém arrependido: "Não suporto mais esse tédio. Devolve a minha vida agitada! Me dá meu celular!"

Queremos que o tempo passe devagar, mas não sabemos sequer lidar com nosso próprio tédio, com a solidão, com a falta de distrações. É como se estivéssemos viciados nesses estímulos externos, que prendem nossa atenção, aceleram nossos pensamentos e, por vezes, nos tornam alheios ao que acontece ao nosso redor. Perdemos tempo imersos em pensamentos, preocupações, notificações e ainda reclamamos que a vida passa rápido demais.

O excesso de informações, estímulos e compromissos nos obriga a exercer diversas atividades ao mesmo tempo, mas também nos torna incapazes de desfrutar de verdade, conscientemente, cada uma delas. É como se estivéssemos dirigindo nossa própria vida no modo piloto automático: sem prestar atenção ao caminho, à qualidade do asfalto, à beleza da paisagem, aos sinais de trânsito, ao pedestre que atravessa. Quando chegamos ao fim, sentimos que não aproveitamos a viagem.

Se não é possível fazer ou pensar em duas (ou mais) coisas ao mesmo tempo sem que alguma delas seja prejudicada, é preciso definir quais são as prioridades, e selecionar com cuidado o que realmente merece nossa atenção e o nosso tempo. Qualquer bem, quando escasso, precisa ser aproveitado com sabedoria, sem desperdícios. Não é diferente com o tempo. Mas a sociedade da urgência — este mundo em que tudo deve ser imediato e em que ninguém suporta esperar por nada — nos transformou em uma geração de ansiosos, marcados por uma relação muito problemática com o tempo, sobretudo com a espera.

Enquanto escrevia este livro, senti que minha formação em Sociologia, sozinha, não seria suficiente para analisar um tema que apareceu diversas vezes nas minhas pesquisas: ansiedade. O Brasil é o país com o maior número de indivíduos que sofrem de ansiedade no mundo, segundo a OMS.* Mas há pessoas muito mais qualificadas que eu para falar sobre transtorno de ansiedade, que é uma patologia e precisa ser tratada com a seriedade devida. Por isso, o terceiro capítulo deste livro é fruto de uma conversa com os psiquiatras Paulo Mattos e Isabella Souza — que, além de doutora em psiquiatria, é minha irmã querida — sobre ansiedade, juventude e sociedade, e, ainda, sobre suas vivências em consultórios, atendendo pessoas ansiosas. Isabella é especialista em psiquiatria da infância e da adolescência, e o dr. Paulo Mattos, professor de psiquiatria da Universidade Federal do Rio de Janeiro (UFRJ) e pesquisador do Instituto D'Or de Pesquisa e Ensino.

Durante nosso papo, Isabella e Paulo falaram sobre a influência do estilo de vida atual no desenvolvimento ou agravamento de transtornos relacionados à ansiedade. E é aí que o meu trabalho e o da minha irmã se encontram e se complementam: enquanto ela estuda e trata o transtorno de ansiedade em seu consultório, eu, individualmente, reflito sobre como nossa sociedade, coletivamente, propicia a eclosão desse tipo de transtorno — e de vários outros, já que é enorme a lista de males que o estilo de vida acelerado causa à saúde.

---

* "Os brasileiros são os mais ansiosos do mundo, classifica a OMS". *Veja*, 5 jun. 2019. Disponível em: <https://veja.abril.com.br/saude/os-brasileiros-sao-os-mais-ansiosos-do-mundo-segundo-a-oms/>. Acesso em: jul. 2020.

Vivemos bombardeados por mensagens. Com tanta informação disponível o tempo todo, é difícil concentrar-se em uma atividade só e pensar com clareza. Mas algumas pessoas desenvolvem uma espécie de compulsão por notícias, novidades, como se temessem perder algo muito importante sempre que se desconectam, por pouco tempo que seja, das redes sociais, do e-mail ou da TV. Outras se entediam tão facilmente que parecem não suportar a companhia dos próprios pensamentos. Preenchem-se de conteúdo externo, produzido por terceiros, em um esforço para se manter distraídas. Buscam a todo momento algo que as ajude a passar o tempo.

Acontece que, enquanto o tempo e a vida passam, estamos ocupados antecipando questões, pensando em problemas, desempenhando muitas tarefas ou apenas rolando a tela do celular, sem nenhum propósito específico. Seja qual for o caso, o problema é o mesmo: não estamos presentes. Não estamos vivendo o presente.

Na nossa conversa, dr. Paulo me contou que é comum receber em seu consultório adolescentes que mostram sinais de ansiedade. Quando atende um desses casos pela primeira vez, ele costuma chamar o adulto que acompanha aquele jovem para uma rápida conversa privada, para entender melhor seu contexto familiar. Em uma dessas ocasiões, o pai do paciente, ao ser convidado a conversar a sós com o médico, ficou preocupado em deixar o filho sozinho na sala de espera, mesmo sabendo que seriam, no máximo, quinze minutos de papo. O problema era que o menino estava sem celular. O pai "resolveu" a questão deixando o próprio aparelho para que o filho se distraísse. Por quinze minutos.

Com esse relato, não pretendo trazer aqui nenhum julgamento acerca desse jovem, muito menos de seu pai, que certamente tentava fazer o melhor pelo filho. Mas cabe uma reflexão sobre essa necessidade de consumir conteúdo, qualquer que seja, que vem nos tornando reféns. O problema não é individual, específico dessa família. Trata-se de uma questão muito maior, estrutural e sistemática: nossa sociedade alimenta o vício em informação. Ao descartar tudo muito rapidamente — inclusive as pessoas, as relações e o tempo —, essa ânsia pelo novo é exacerbada. O agora, "o que tem para hoje", já não é mais suficiente em um mundo que vive com os olhos no futuro.

Não é preciso ir muito longe para entender a conexão entre esse modelo de vida e o despertar da ansiedade. O ansioso é aquele que antecipa preocupações e potencializa seus medos, justamente porque está sempre pensando no amanhã, nos próximos compromissos, tarefas, eventos. Com isso, abandona o presente, distrai-se do hoje, não vive o agora. É exatamente isso que nossa sociedade faz: cria uma urgência pelo novo, pelo próximo lançamento do mercado (que rapidamente substitui a versão 2.0 pela 2.1, e, dois meses depois, pela 2.1.a); pela tendência do próximo verão (que daqui a três anos será considerada a maior das cafonices); pela próxima notícia devastadora do jornal (que no dia seguinte já não terá importância, ninguém vai se lembrar).

Quando lancei meu primeiro livro, fiquei feliz demais. Foi a realização de um sonho, e trouxe aquela sensação — temporária, é claro — de que não precisava de mais nada na vida. Mas eu me lembro que, já no evento de lançamento, algumas pessoas me perguntavam quando viria o próximo livro. A pergunta se tornou comum, mesmo depois que lancei o segundo: "Quando vem o próximo?" Estamos sempre esperando o próximo, olhando para a frente, para o que pode vir depois, esperando o que está por acontecer. "Calma, ainda tô curtindo esse", eu costumo responder.

A indústria lucra com essa sede por novidade. O que mais pode explicar o fato de um carro sair da concessionária, em março de 2020, com um selo que diz "modelo 2021"? O carro deste ano já não importa mais; bom mesmo é o do ano que vem. E essa lógica passa a reger toda a vida: viver o hoje já não serve. Com isso, a gente se esquece de que é impossível viver a vida do ano que vem — até mesmo a de amanhã. Só há o agora para viver.

A tecnologia também reforça a cultura do imediatismo. Quanto mais avançamos tecnologicamente, menos temos que esperar — por uma refeição, por uma mensagem, pela chegada de um produto ao mercado. O problema é que, quanto mais rápido temos tudo à disposição, menos capazes de esperar nos tornamos. Antes, o tempo natural que as coisas levavam freava a ansiedade das pessoas. Agora, ninguém consegue esperar por nada.

Quando eu comecei a dirigir, pegava emprestado o carro da minha irmã, que era movido a álcool. Antes de sair, eu precisava esperar dez minutos, com o carro ligado, para que o motor esquentasse. Era assim com qualquer veículo a álcool. Eu me lembro da sensação que eu tinha durante aqueles dez minutos: o cheiro do álcool, o acolchoado do banco, aquela ajeitadinha no cabelo pelo espelho retrovisor. Hoje, se uma pessoa solicita um carro por aplicativo e vê que o tempo de espera será de dez minutos, ela imediatamente cancela o pedido e abre outro aplicativo, na esperança de encontrar um motorista que chegue mais rápido. Em 2020, parece inconcebível ter que esperar dez minutos para sair.

Apesar disso, não quero parecer um cara chato, nostálgico, que acha que o passado era melhor que hoje. Pelo contrário: o que eu quero é justamente que hoje seja o melhor dia da minha vida — até agora. Quero estar presente, viver o presente sem piloto automático, sem deixar de aproveitar nenhum minuto da viagem.

É assim que a gente se comporta quando viaja: desfruta cada instante para fazer valer aquele investimento antes de precisar voltar para casa. Fazemos isso porque não sabemos quando vamos poder voltar àquela cidade, visitar de novo aquelas atrações turísticas, provar a comida daquele restaurante que todo mundo comenta ou passar uma tarde no parque mais charmoso do país visitado. Talvez não dê tempo de fazer tudo, e então a gente prioriza, faz primeiro o que é mais importante. Mas e quando a gente volta para casa? Também é impossível saber qual vai ser a última vez que você vai jantar com seus pais, ajudar seu filho com o dever de casa e até fazer uma reunião com os seus colegas de trabalho. Por que, então, a gente nem sempre aproveita? Por que deixar o mais importante — seus filhos, sua família, sua saúde, sua paz — sempre por último?

Este livro é, portanto, um convite: sem julgamentos, sem culpa, desligue o piloto automático. Aproveite a viagem.

3.

A CONSULTA

"Quem vive se comparando tende a enxergar em qualquer pessoa uma ameaça."

Minhas irmãs sempre foram geniais. No meu primeiro livro, contei que, se a inteligência fosse um pote de ouro a ser repartido como tesouro familiar, eu, que sou o filho caçula, poderia dizer que, quando cheguei, já não tinha sobrado quase nada para mim. Fiquei com a raspinha do tacho, o bagaço da laranja. Calhei de vir ao mundo depois da Gabriela, que é mestre em Direito pela universidade de Columbia, e da Isabella, doutora em psiquiatria. E eu... Bom, eu sou "um rapaz ótimo, que não bebe, não fuma e vai à missa todos os domingos", como diria minha maior defensora, vovó Georgete.

Cresci sabendo que não seria genial como minhas irmãs, e tenho certeza de que entender isso foi o que me fez encontrar minha vocação, que é olhar para o ser humano. Afinal de contas, o termo "ordinário" se refere àquilo que está na ordem do dia, que se repete sistematicamente. Ser o ordinário da família me distanciou da possibilidade de ser o orgulho intelectual e acadêmico da vovó, mas me aproximou do entendimento das questões mais triviais do comportamento humano. Mas, como admirador que sou do trabalho delas, sempre sonhei com o dia em que trabalharíamos juntos. Agora, realizo um pouquinho desse sonho ao ver o meu trabalho e o da minha irmã Isabella se complementarem. Como mencionei no capítulo anterior, os psiquiatras Isabella e Paulo foram generosos no nosso papo: muito mais que conhecimento técnico, eles me ofereceram uma perspectiva humana sobre o que é ansiedade. Em vez de abordar formas de tratamento ou medicamentos disponíveis, falamos sobre como a sociedade lida com as pessoas ansiosas. Nosso foco aqui, afinal, não são os transtornos de ansiedade propriamente ditos, mas o contexto social que vem contribuindo para que tantos indivíduos desenvolvam distúrbios e procurem os consultórios desde muito cedo: questões culturais, comportamentais, coletivas.

Aprendi com Paulo e Isabella que, além dos aspectos químicos e biológicos de uma doença, é indispensável considerar os fatores socioculturais, próprios de cada época, região, grupo, do contexto em que cada indivíduo está inserido. No caso específico da ansiedade, Isabella diz que são muitas as variáveis que determinam como o distúrbio se apresenta: "Existe a predisposição genética — que pode ou não se manifestar —, as experiências da vida de cada um, o ambiente em que se vive, o contexto familiar, as características individuais e, claro, a sociedade que nos cerca." E é essa a parte que mais nos interessa aqui: a sociedade. Olhar para o ser humano a partir da sua relação com o coletivo, da influência que cada um de nós tem no mundo — e, consequentemente, da responsabilidade que todos temos, como indivíduos, no "todo" de que fazemos parte.

Nunca se falou tanto em saúde mental como se fala hoje em dia. O assunto desperta cada vez mais o interesse das pessoas, preocupadas em conhecer estratégias para melhorar sua qualidade de vida, praticar o autoconhecimento, investir em bem-estar (falo das pessoas que podem se preocupar com isso, é claro, já que, no mundo em que a gente vive, muitas precisam primeiro se preocupar em ter o que comer). Por outro lado, nunca se registrou um número tão alto de diagnósticos de transtornos de ansiedade quanto hoje em dia.

Não parece um contrassenso o fato de que agora, quando temos tantas ferramentas para promover bem-estar e saúde à nossa disposição, estejamos justamente... adoecendo mais? Foi o que perguntei a Isabella e Paulo, que me explicaram esse paradoxo da seguinte forma: a vida atual traz diversas facilidades, mas traz também um bombardeio de informações, demandas e estímulos, além de ser marcada por uma rigidez em aceitar as diferenças.

Existe hoje uma espécie de superoferta de informações, que chegam em uma velocidade aceleradíssima. A sociedade exige que o indivíduo se apresse para acompanhar esse ritmo — que muitas vezes não é o seu próprio, mas o do outro, do mundo externo. Com isso, as pessoas têm cada vez menos espaço para ser quem realmente são. Vivem sob a pressão de acompanhar tudo que acontece e de dar conta das diversas demandas que surgem a todo momento. Isso traz medo, insegurança, intolerância à frustração e ao erro do outro, além de poder levar à depressão e, é claro, à ansiedade.

Estamos viciados em estímulos e informações. A questão é que, quando falo em informação, não estou falando necessariamente de conteúdo relevante, de notícias transmitidas por jornalistas ou especialistas. Fotos, vídeos, memes, eventos, a vida da vizinha, o cabelo de uma cantora, a nova "treta" dos artistas: tudo isso é informação e está disponível no celular de quem quiser ter acesso a ela — basta rolar a tela e deixar o tempo passar.

Em um mundo que produz conteúdo em excesso, o pensamento crítico é o que nos permite distinguir o que tem qualidade, o que é falso, o que é fútil e o que realmente vale o nosso tempo. Ainda assim, muitos se perdem nessa avalanche de estímulos, demandas e informações, em uma ânsia pela próxima novidade. Esse ritmo nos faz perder horas preciosas de nossa vida, nos torna quase dependentes do celular e, principalmente, nos distrai do que realmente importa: o presente.

Somos uma geração ansiosa, entre outras razões, porque vivemos no futuro, preocupados com o que está por vir, esperando a próxima notícia bombástica, o próximo movimento, a próxima moda. Tem sempre tanta coisa acontecendo que sentimos que, se passarmos algumas horas desconectados da internet e da TV, podemos "perder" muita coisa, ficar de fora.

O medo constante de ficar de fora de alguma coisa tem até nome, e é chamado pelos especialistas de FOMO: *fear of missing out*, ou, em tradução livre, "medo de perder". Sabe quando você é adolescente, todos os seus amigos decidem se encontrar em uma festa, e só os seus pais não deixam você ir? Todo mundo já sentiu isso uma vez na vida: bate aquela sensação terrível de estar de fora do grupo, perdendo o momento que os outros vão desfrutar juntos, sem você.

Acontece que, hoje em dia, com o excesso de informações acontecendo no mundo externo, muita gente — de todas as idades — tem essa sensação o tempo inteiro. É como se fosse impossível passar um tempo alheio às redes e às notícias sem se sentir completamente desatualizado, por fora. O problema é que é inviável estar sempre em dia com tudo o que acontece no mundo externo, e, como explicou Isabella, tanta pressão gera muita ansiedade. Basta passar um fim de semana desconectado do celular e da TV — se você conseguir! — para sentir que o mundo já não é mais o mesmo. Em segundos, articulações políticas mudam, bombas explodem, escândalos vêm à tona, novos produtos são lançados, medicamentos são descobertos, músicas se tornam hits... E se você não acompanha, não escuta, não assiste, não lê, parece que, como naquela época da adolescência, todos os seus amigos estão curtindo uma festa juntos e existem coisas incríveis acontecendo enquanto você não está participando. Ninguém gosta dessa sensação. Porém, quanto mais nos preocupamos em dar conta do que acontece lá fora, mais nos esquecemos de olhar para dentro e de cuidar do que está perto — e, aí sim, perdemos o melhor da festa.

Não é só de excesso de informação que padece a nossa sociedade: hoje, o excesso de trabalho é algo tão comum que as pessoas sentem orgulho em dizer que estão atarefadas, exaustas, ocupadíssimas, como se isso as tornasse melhores, mais importantes. O capitalismo vendeu a ideia de que é *cool* se envolver em várias atividades e empreendimentos de modo a se tornar um "vencedor" — e a gente comprou! O que me preocupa é ver que, por mais que esteja evidente que esse modelo de vida não é saudável e traz males como o estresse, a ansiedade e a depressão, a gente insiste em viver assim.

A ideia de sucesso estabelecida na sociedade hoje é completamente nociva à nossa saúde mental. Para que uma pessoa seja considerada bem-sucedida pela maioria, precisa ter um cargo alto na empresa em que trabalha, ganhar um salário de mais de quatro dígitos, ser feliz no amor, fazer muitas viagens, estar por dentro de todas as tendências... São muitas as demandas. É como se vivêssemos eternamente em competição, com pressa, comparando uns aos outros por meio das redes sociais, aflitos para saber quem vai "chegar primeiro", vivendo sob pressão, com medo de perder.

No mercado de trabalho, especificamente, a competição é ainda mais cruel. Mas, como alerta Isabella, não são apenas os adultos que sofrem com essa dificuldade: as crianças vêm sendo educadas (talvez fosse melhor dizer "treinadas" ou "adestradas") para ter sucesso profissional. A respeito desse tema, ela comenta:

> Eu tenho 49 anos e me lembro que, quando era adolescente, falar inglês era um grande diferencial. Hoje, isso é básico. Quem não fala inglês muitas vezes não é sequer considerado para uma entrevista de emprego. A disputa é muito mais acirrada. Na geração dos nossos avós, tudo era muito previsível: na juventude, as pessoas já sabiam com quem se casariam, que profissão teriam, como seriam suas vidas. Hoje, é muito difícil prever como estaremos daqui a dois anos. Então, as pessoas sentem que precisam estar preparadas para os grandes desafios que podem aparecer no caminho. Os pais acreditam que seus filhos precisam ser extraordinários para ter alguma chance de se dar bem no futuro.

Toda essa pressão, aliada às condições particulares de cada um, pode colaborar para o desenvolvimento da ansiedade, tanto nos pais quanto nos filhos. Recentemente, o pai de um dos pacientes de Isabella, ao ouvir que o filho tinha dislexia — um distúrbio marcado pela dificuldade de aprendizagem —, fez a seguinte pergunta: "Doutora, como ele vai chegar a algum lugar se não aprender inglês, francês, alemão?" A questão, aqui, é: que "lugar" é esse a que o pai do paciente de Isabella se refere? Aonde nossos filhos deveriam chegar? Quem estipulou essas metas?

A sensação que tenho quando ouço Isabella e Paulo falarem é que muitos pais deixaram de tentar educar seus filhos para que sejam felizes e passaram a treiná-los para serem CEOs de alguma empresa — como se estivéssemos falando da produção em série de produtos de uma fábrica, e não de pessoas. Toda essa exigência por uma suposta perfeição leva ao que chamamos de "medicalização" da vida, como explica Paulo:

> Dez anos atrás, eu gastava uma hora para convencer a mãe de um paciente de que aquele menino precisava tomar um medicamento que, naquele caso específico, poderia auxiliá-lo a lidar com as dificuldades que um distúrbio lhe trazia. Hoje, preciso gastar a mesma uma hora, várias vezes por mês, para convencer pais de pacientes que *não têm* distúrbios de que seus filhos *não precisam* tomar medicamento algum, de que está tudo bem com eles ou, no máximo, têm alguma dificuldade sem magnitude suficiente para caracterizar um déficit, um diagnóstico.

Complementando, Isabella ressalta: "Vale lembrar que o tratamento farmacológico, ou seja, o uso de medicação, é útil e deve ser visto sem preconceitos, mas somente quando há um diagnóstico que o justifique."

Acontece que, hoje, muitas crianças ou adolescentes são considerados "problemáticos" por suas famílias simplesmente por não corresponderem a todas as expectativas que foram criadas sobre eles. Quase sempre, as altas expectativas que os pais depositam sobre seus filhos vêm da comparação com outras crianças: parentes, filhos de amigos ou de influenciadores digitais — gente que exibe a vida perfeita, os filhos perfeitos, que vive no auge da felicidade e do sucesso. Mas quem vive se comparando tende a enxergar em qualquer pessoa uma ameaça. Crianças que crescem sendo comparadas e cobradas por suas famílias podem se tornar jovens e adultos competitivos, inseguros, menos sociáveis e menos sensíveis ao sofrimento do outro, já que vivem como se estivessem em uma competição. Quando se sentem vulneráveis, em perigo, as pessoas são capazes de ultrapassar seus valores de solidariedade, de ignorar a ética. Prevalece a lei do mais forte — e, com isso, perdemos nossa força como comunidade e nos tornamos, mais uma vez, pessoas ansiosas.

Mas, se por um lado existem famílias muito rígidas, que exigem excessivamente de seus filhos, outras tratam suas crianças e jovens como "floquinhos de neve": únicos, especiais, extraordinários e muito sensíveis. É a chamada *snowflake generation* (ou "geração floco de neve"), expressão da escritora britânica Claire Fox para referir-se aos jovens adultos de classe média dos anos 2010. Em geral, essas famílias têm condições financeiras de dar conforto material aos seus filhos e esperam conseguir protegê-los de tudo, mas acabam criando pessoas com uma resistência muito baixa ao sofrimento e às contrariedades. Como explica Isabella:

A expressão "geração floco de neve" é uma brincadeira com a crença que muitos pais têm de que seus filhos são "únicos", já que existe a ideia (nunca demonstrada cientificamente) de que os flocos de neve não são iguais uns aos outros. A ideia de que o filho é "único" embute a crença de que ele poderá ser bem-sucedido sempre, independentemente das suas forças e fraquezas pessoais. Ou seja, suas eventuais limitações não importam. Além disso, existe uma tendência a resolver ou contornar os problemas para os filhos (na escola, com os amigos, na vida em geral), o que acaba por não permitir o desenvolvimento da resiliência, que é a capacidade de se recuperar de adversidades. A resiliência é uma qualidade desenvolvida a partir de uma exposição gradativa à frustração, e essa geração, que é tão excessivamente cuidada, não se frustra nunca. Temos aí um círculo vicioso.

No papo com Paulo e Isabella, falamos sobre diversas situações em que o comportamento dos pais influencia negativamente o dos filhos ou cria circunstâncias desfavoráveis ao desenvolvimento de indivíduos felizes e saudáveis. Acontece que também é muito difícil ser pai ou mãe atualmente, e esse peso não pode ser desconsiderado. É o que defende Paulo:

> Vivemos em um mundo em que muitas das verdades e convicções de outrora estão abaladas. Os paradigmas mudaram. Dessa forma, muitos pais se sentem perdidos e inseguros para exercer sua autoridade em casa, por medo de frustrar seus filhos. Pais e mães também

têm medo de não corresponder às expectativas da sociedade, e ninguém aguenta tanta pressão para ser extraordinário, viver uma vida extraordinária, ter filhos extraordinários.

Não se trata, portanto, de culpar os pais pelas questões de seus filhos, mas de entender que eles também são afetados pelo estilo de vida adotado pela nossa sociedade, que pode nos adoecer. Aliás, escrevo este livro em meados de 2020, e, como já dito, em plena pandemia da Covid-19, mas tenho a sensação de que o mundo já vem adoecendo há muito tempo. Para além dos problemas causados pelo vírus, estamos padecendo de males que já existiam, como o egoísmo, a intolerância e, é claro, a ansiedade.

O curioso é que minha conversa com Paulo e Isabella aconteceu no início do ano, em janeiro, quando ainda não havia nenhum caso da Covid-19 registrado no Brasil. Na época, perguntei ao Paulo: "Será que existe uma solução para essa pressa do mundo? Será que vai acontecer alguma coisa que vai nos obrigar a parar?" Bem, aconteceu uma coisa que nos obrigou a parar. A pergunta é: nós paramos?

Não me refiro, é claro, às pessoas que desempenham serviços essenciais e precisaram aumentar sua carga de trabalho durante a pandemia, mas às que transformaram a quarentena em uma competição de produtividade, por exemplo. Ou às empresas que exigiram de seus funcionários um rendimento altíssimo no *home office*, mesmo sabendo das diversas dificuldades desse processo. Paramos?

O mundo tentou parar, mas nós seguimos com pressa, com os olhos no futuro. Os mesmos que sempre reclamaram que a vida corre rápido demais estão agora, durante a quarentena — enquanto escrevo este livro —, torcendo para "tudo isso passar logo". Mas ou queremos que o tempo pare, ou que ele acelere. E foi o Paulo quem me lembrou de um pensamento de Santo Agostinho que aponta para a única solução que vejo para esse problema: "Só existem três tempos: o presente de coisas passadas, o presente das coisas presentes e o presente de coisas futuras." Só o que temos para viver é o presente. Quando abandonamos o presente, abandonamos, mesmo sem querer, a vida.

Quem pensa muito no futuro e se preocupa com o que acontece lá fora, em vez de olhar para dentro, se esquece de dar valor ao presente — em última instância, esquece-se de viver. A gente perde tempo demais com o que pode dar errado, com os problemas que podem aparecer, com as novidades que ainda vão surgir, com a vida que o outro leva. Em uma das suas homilias espetaculares, o padre Fábio de Melo disse uma frase de que não me esqueço: "Deus grita aos nossos ouvidos o tempo todo e nós não o escutamos. Basta que o diabo sussurre e paramos tudo para ouvi-lo." É exatamente o que fazemos: gastamos nosso tempo pensando no que pode acontecer de ruim a nós e, principalmente, aos nossos filhos, quando tudo o que eles mais querem é que estejamos presentes, ao lado deles. Especulamos aonde nossos filhos podem chegar, que dificuldades vão encontrar e o que podemos fazer para protegê-los. Pior: mesmo com todos esses medos e cuidados, não somos capazes de prepará-los completamente para o futuro. Nem a nós mesmos.

Fico, portanto, com os conselhos de Isabella, Paulo e de Santo Agostinho: vivo o presente das coisas presentes

4.
A PRESSA
É INIMIGA DA...
HUMANIZAÇÃO

"O apressado é aquele que tem o dom de fazer o tempo faltar."

Um amigo meu queria
Ter a glória apressada
Esqueceu que o tempo tem
Lugar e hora marcada
Chegou no lugar primeiro
E o tempo mais atrás
Esperou sentado, em pé, cansou
Finalmente aprendeu mais.

("Tempo Ê", de Nelson Rufino
e Zé Luiz do Império)

Essa beleza de música de Nelson Rufino e Zé Luiz do Império às vezes me vem à cabeça quando estou dirigindo. Parado no semáforo, enquanto espero a luz verde acender, quase sempre vejo um motorista acelerar, fazendo aquele típico barulho para apressar os pedestres que ainda atravessam: *vrummm, vrummmm*.

Acho, aliás, que esse som tem efeito mágico sobre os pedestres: às vezes, a pessoa não faz exercício físico nunca na vida, mas quando escuta o *vrummm, vrummmmm*, vê despertar o Vanderlei Cordeiro de Lima que vive dentro dela e corre desembestada para aproveitar os últimos segundos de travessia liberada. Enquanto isso, o ícone da mãozinha pisca, em vermelho, dizendo: "Pare! Pare!"

Parar? Esperar mais uns minutinhos? Nem pensar. A pessoa chega ao outro lado da rua esbaforida, suada, tensa, mas se sentindo vitoriosa: conseguiu! É a atravessadora de ruas mais rápida do mundo. O que será que ela ganhou com isso? Dois, três minutos, no máximo. Parece uma grande vitória para quem vive em um mundo que é especialista em fazer o tempo faltar.

Enquanto isso, na rua, o sinal abre para os carros. Imediatamente, ouço o motorista do carro de trás buzinar, como se me dissesse: "Abriu! Anda logo, cara! Corre! Tô com pressa." A vontade que me vem é de cantar para todos eles: "Tempo, erererê / Tempo, ararará / Tempo me disse que só com tempo a gente chega lá." E eu fico me perguntando: de onde será que vem tanta pressa? Por que é tão difícil esperar?

A sensação que eu tenho é de que ficamos mal-acostumados com a velocidade com que as coisas podem chegar até nós. Notícias, encomendas, comida, táxi... Hoje, tudo chega muito mais rápido que antigamente, e, com isso, a gente parece ter perdido a capacidade de esperar.

Como ensina a canção de Rufino e Zé Luiz do Império, "o tempo tem lugar e hora marcada". Tudo fica melhor quando leva o tempo que precisa levar. E quanto tempo a gente perde tentando antecipar o futuro, lutando contra o tempo próprio das coisas!

Com tanta tecnologia disponível, poderíamos ser uma sociedade veloz, mas preferimos nos transformar em uma sociedade apressada. Ao contrário da velocidade, a pressa está associada ao atraso: em geral, o apressado é aquele que tem o dom de fazer o tempo faltar. Seu relógio parece estar sempre em descompasso com o do restante do mundo.

O apressado vive aflito, angustiado, como se estivesse devendo alguma coisa a alguém. Chega atrasado às reuniões e repete o que os colegas de trabalho já disseram,

Use as primeiras horas do dia, o mundo ainda não acelerou.

Sendo recebido para um café filosófico na casa de Leandro Karnal, ao lado de Patricia Artiaga Miranda.

Palestra filantrópica para a Fundação São Martinho. Mais de 20% das palestras anuais são gratuitas, para ajudar fundações e organizações. O tempo é o bem mais precioso e deve ser compartilhado.

Lançamento de *LYdereZ* na Livraria da Travessa, no Rio. Abaixo, com Marília Lamas, minha parceira na aventura de escrever.

Palestrando ao lado de Alfredo Soares em evento da Capemisa e BandNews.

Falando sobre liderança para o time do Itaú.

Quando os meus ídolos aparecem no meu camarim antes de uma palestra: os queridos Jorge Aragão e Regina Casé.

Mesa "Felicidade que não se compra", na Bienal do Livro 2019, com a presença do monge Haemin Sunim e de Luiz Gaziri, e mediação de Melina Dalboni.

Evento Conecta Varejo 2019.

Circuito GAZ, que rodou o estado de Santa Catarina em cinco apresentações.

Palestra "Empreendendo felicidade" no Teatro XP, em 2019.

Teatro XP lotado e de pé.

Novo tempo: palestras on-line. Acima, evento de Dia dos Pais para a empresa Celeo. Abaixo, conversando com o time da Farm sobre o futuro do presente.

Minha rede de trapezista.

Em casa, o papo segue sobre gente, afinal, são dez anos casado com uma head de RH.

Quando o tempo para... em uma roda de samba com meu filho.

Respeito, reverência e afeto com os sábios. Mestre Monarco, um exemplo da sabedoria falada neste livro.

Nossa casa cheia de pessoas que amamos! Jorge Aragão cantando no nosso quintal. O dinheiro pode construir casas, mas só o amor constrói um lar.

LUCAS MORAES / AD STUDIO

Meus maiores professores: um momento de aprendizagem e vivência.

LUCAS MORAES / AD STUDIO

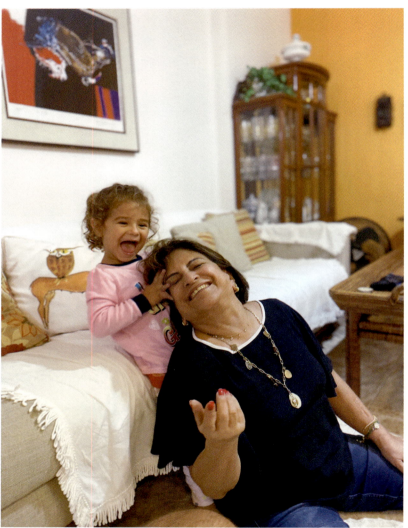

Vera, a vovó imortal.

Rádio Ibiza: um lugar de ideias e sonhos realizados.

Enxergar a beleza no óbvio, nas coisas simples, traz ao tempo um significado presente.

escolhe atalhos porque acha que o caminho convencional nunca serve. Antes de sair de casa, abre um aplicativo e procura o caminho mais rápido para chegar ao seu destino. O problema é que, como o mundo é feito de atrasados, muita gente tem a mesma ideia, e o engarrafamento é quase sempre inevitável.

O apressado tem tanta coisa pra fazer, que vive para dar *check* nas suas tarefas. Não tem tempo nem para sorrir. Desenvolve um mau humor crônico, porque acredita que o mundo é culpado pela sua falta de tempo. Mira nos resultados, esquecendo-se de curtir o processo.

No capítulo anterior, minha irmã Isabella nos explicou que, quando se sentem vulneráveis ou em perigo, as pessoas podem se tornar hostis e deixar de lado alguns dos seus valores éticos. E você já reparou que quem vive com pressa quase sempre acaba revelando seu egoísmo? É aquele tipo que chega atrasado, fura fila, dirige pelo acostamento, interrompe a fala dos demais e quer sempre ser atendido primeiro, porque acha que o seu tempo vale mais que o dos outros. Cego pela pressa, muitas vezes perde a capacidade de enxergar o outro e de se doar, de praticar a caridade.

Quando falo em caridade, aliás, gosto sempre de ressaltar que não se trata de doar aquilo que temos em abundância. Se temos dinheiro, roupas, móveis ou qualquer outro bem sobrando, em um mundo em que tanta gente vive sem saber quando vai fazer a próxima refeição, compartilhar não é nada mais que um dever. Desprendimento de verdade é doar mesmo o que nos é escasso.

Quem me ensinou essa lição não foi nenhum milionário. Certa vez, fui à missa, em Ipanema, e encontrei a igreja quase lotada. Havia poucos lugares disponíveis nos bancos e eu decidi ficar em pé. Logo depois, vi chegar uma senhora que eu já conhecia de vista, ali das ruas do bairro. Bem idosa, ela estava malvestida, parecia estar suja e tinha dificuldades para se comunicar. Me aproximei dela e falei: "Vamos nos sentar ali?" Pensei que ela poderia ficar envergonhada de se sentar por ser uma moradora de rua, sofrendo assim algum tipo de exclusão. Chamei-a para se sentar comigo.

Na hora do ofertório, quando passaram fiéis recebendo doações para a igreja, falei com "Jesa" (meu jeito carinhoso de chamar Jesus): "Desta vez, vou doar para esta senhora aqui do lado, tá bem? Na próxima, eu doo para sua casa." Abri a carteira e vi que tinha duas notas de vinte reais. Lembrei do meu falecido pai, que sempre me dizia que quando abrimos a carteira para ajudar de coração, devemos dar a quem precisa a maior nota e não as moedas. Dei as duas para ela e achei que tinha feito uma grande caridade. Mas, quando a moça da igreja se aproximou de nós com a cestinha do ofertório, qual não foi a minha surpresa: enquanto as pessoas bem-vestidas ao nosso lado davam suas poucas moedas, aquela mulher, que vivia em situação de rua, maltrapilha, fez como meu pai me ensinou: doou uma das notas que havia acabado de ganhar. Eu não fiz caridade nenhuma naquele dia. Aquela senhora fez.

Caridade, portanto, é doar o que nos faz falta. E qual é o bem mais escasso — e, por isso mesmo, mais precioso — atualmente? Sim, o tempo! Quem vive com pressa até pode presentear sua família e seus amigos com roupas, joias, dinheiro, mas será sempre incapaz de dar aquilo que existe de mais valioso no mundo, que é seu tempo. De nada serve, portanto, ter pressa. Mais vale ter velocidade!

O veloz, ao contrário do apressado, tem o dom de fazer o tempo sobrar. Não escolhe atalhos, porque sabe que o melhor percurso é aquele que já conhece. Enxerga e reconhece cada detalhe da estrada, porque ama o processo. Escuta todos aqueles que encontra pelo caminho e ainda tem tempo para sorrir. Assim fazia o homem mais rápido do mundo, o já citado Usain Bolt, em várias de suas provas: vencia sorrindo. É claro que precisamos de velocidade para nos adaptar a todas as mudanças que o mundo nos apresenta — como agora, durante a pandemia da Covid-19 —, ou nos tornaríamos obsoletos. Mas não podemos confundir a velocidade, que é necessária, com a pressa, que é nociva.

A cultura da pressa se instalou definitivamente na nossa sociedade. Temos pressa e não sabemos por quê. As pessoas que me seguem nas redes sociais já conhecem o "campeonato do avião", uma brincadeira que eu faço no Instagram quando viajo. É sempre assim: basta o avião pousar na pista para que, imediatamente, várias pessoas se levantem, apesar de o aviso luminoso indicar que os passageiros devem permanecer sentados. A rapidez é tanta que eu costumo dizer que deve existir algum campeonato interno entre os passageiros, com prêmio para quem levantar primeiro, e ninguém me avisou. Porque só isso pode justificar aquele amontoado de gente em pé, uns meio tortos, outros lutando para pegar a mala no bagageiro... Em poucos segundos, uma fila de pessoas apressadas se forma no corredor do avião. Às vezes, essas pessoas ficam ali por vários minutos, desconfortáveis, mas não se sentam. Tudo para garantir que vão conseguir sair do avião o quanto antes, para não desperdiçar nenhum segundo.

Pare para pensar no mais curioso dessa história. Se essas pessoas querem tanto sair do avião, por que também fizeram fila para entrar? Isso mesmo: perceba como antes mesmo do embarque ser anunciado, todos já estão de pé em fila para ocupar seus incríveis lugares *marcados*. A fila da saída costuma me divertir mais ainda quando o que nos espera na saída do avião é o ônibus, e não a passarela, porque nesse caso, os últimos a desembarcar serão os primeiros a sair do ônibus, logo, os vencedores dessa estranha competição.

Há quem responsabilize a tecnologia por essa "epidemia de pressa" que o mundo vive hoje. É claro que entendo a lógica, mas prefiro ficar com as palavras do médico Samuel Hahnemann, considerado o pai da homeopatia, que dizia que a diferença entre o veneno e o remédio está na dose. A tecnologia pode nos aproximar das pessoas, ajudar a resgatar laços, facilitar a comunicação, os estudos... Mas também pode atrapalhar tudo isso. Posso escolher passar uma tarde apresentando meus cantores favoritos aos meus filhos no YouTube ou me fechar sozinho no quarto e passar horas vendo vídeos na mesma plataforma — com a velocidade de reprodução acelerada, para não perder tempo.

Aliás, descobri recentemente a "moda" de assistir a vídeos em velocidade acelerada nas plataformas de streaming: um filme de trinta minutos pode ser visto em até metade do tempo. É como se a tecnologia tivesse atendido aos anseios dos apressados. Entendo que a ferramenta seja muito útil para quem precisa buscar um momento específico em um vídeo, por exemplo, mas não consigo imaginar quem escolheria assistir a um filme em que os atores falam de um jeito acelerado, os abraços duram milésimos de segundos e os pingos de chuva parecem alfinetes espetando as pessoas, de tão rápido que caem. Será possível que a pressa tenha chegado aos nossos momentos de lazer? Infelizmente, tenho a sensação de que, sim, a pressa tomou conta da nossa vida. Acho, aliás, que, se existisse na vida real um botão como esse das plataformas de streaming, capaz de acelerar momentos, muitos escolheriam encurtar encontros de família, refeições, a hora de dormir dos filhos... Tudo por uns minutinhos a mais, tudo para "ganhar tempo" — uma grande contradição.

Criticar a cultura da pressa, hoje, é remar contra a maré. Mas eu sou daquele tipo que acredita que mar calmo não faz bom marinheiro. Não acredito que o oposto da vida apressada deva ser a calmaria completa. Quando discuto caminhos para evitar a pressa e valorizar o presente, muita gente pensa que estou falando em meditação e pensamentos positivos. Não se trata disso. Acho que cada um deve buscar a melhor maneira de se conectar com o momento presente, mas é importante não confundir a inércia dos pensamentos positivos com a força avassaladora das atitudes positivas.

Mário Quintana dizia: "Os livros não mudam o mundo. Quem muda o mundo são as pessoas. Livros só mudam as pessoas." Nos pensamentos, nos livros, nas discussões estão as sementes das mudanças. Mas só as atitudes podem tornar concretas as transformações que queremos.

Fomos levados a crer que o que muda o mundo são os pensamentos positivos. Mas os pensamentos são, no máximo, um gatilho que pode nos levar à transformação, se — e somente se — vierem acompanhados de ação. Pensar positivo não significa, necessariamente, ter atitudes positivas. Na verdade, é possível que os pensamentos positivos, sozinhos, apenas nos mantenham na inércia. Quanta gente compartilha nas redes sociais aqueles emojis das mãozinhas juntas, em oração ou gratidão, mas na vida real exibe sua fé de mãos vazias? Quantas pessoas você conhece que são religiosas, vivem dentro dos templos, mas não cumprimentam o porteiro do prédio onde moram? E aquelas que meditam, publicam frases motivacionais nas redes sociais, mas não dão um sorriso ao motorista do carro que as leva até o trabalho?

Outro dia li um comentário espirituoso da chef Rita Lobo no Twitter. Ela dizia que sente vontade de rir toda vez que alguém que se orgulha por não saber fritar um ovo se mete a falar de mindfulness — uma técnica de meditação que estimula a capacidade de se concentrar nas experiências, atividades e sensações do presente. Segundo Rita, "quem é capaz de preparar uma refeição sabe que cozinhar é puro mindfulness: se não estiver no momento presente, ou se corta ou se queima".

Nunca meditei, mas também não tenho qualquer objeção à prática — pelo contrário, acho que pode fazer bem. Mas o comentário da Rita me fez pensar que, muitas vezes, a gente se preocupa em dar nome a técnicas, estudos e teorias comportamentais e se esquece de que a vida pode ser bem mais fácil. Basta que estejamos presentes.

Mas o que está na moda hoje é a ausência. Nos ausentamos de casa, das conversas, da vida das pessoas que amamos e, às vezes, da nossa própria vida. Meu querido Leandro Karnal, que assina o prefácio deste livro, diz que o trabalho é a única forma de "suicídio ético" admitida pela sociedade hoje. Se alguém nos diz que está se matando nas drogas, a gente julga. Mas quantas vezes aplaudimos quando nossos amigos disseram que estavam se matando de trabalhar? Quantas vezes saímos mais cedo de encontros familiares, respondemos rapidamente um amigo que encontramos na rua, tudo por causa da pressa... Mas aonde essa pressa pode nos levar?

Quem tem pressa gosta de dizer que não pode desperdiçar nenhum minuto do seu precioso tempo. Nisso aí a gente concorda: tempo não deve mesmo ser desperdiçado. A questão é que, como vimos ao longo deste capítulo, o comportamento do apressado é justamente um grande desperdício de tempo. Se o seu dia tem 24 horas e você não consegue tirar uma horinha para sorrir, conversar com um amigo, brincar com seu filho, escutar o próximo, dar atenção a quem você ama... Sinto dizer, mas sua pressa fez você jogar seu tempo fora. Por isso, faço um convite para que você substitua essa pressa, tão nociva, pela velocidade e pela leveza.

Ganhar tempo é acordar mais cedo para levar os filhos à escola, é prestar atenção às histórias que seus pais contam, é "gastar" uma noite conversando com os amigos. E, acima de tudo, é estar presente, mesmo que por pouco tempo. Por isso, eu, que comecei este capítulo com a poesia de Nelson Rufino e Zé Luiz do Império, peço emprestadas as palavras de Caetano Veloso para encerrá-lo:

És um senhor tão bonito
Quanto a cara do meu filho
Tempo, Tempo, Tempo, Tempo
Vou te fazer um pedido
Tempo, Tempo, Tempo, Tempo

5.
MEUS PROFESSORES

"A capacidade de desenvolver o aprendizado a partir do amor é essencial para qualquer liderança, seja em casa ou no trabalho."

Todo menino é um rei
Eu também já fui rei
Mas quá!
Despertei

("**Todo menino é um rei**",
de **Nelson Rufino e Zé Luiz do Império**)

Eu achava que entendia perfeitamente o sentido dessa música, até o dia em que o meu filho, Bento, nasceu. Quando me vi com ele nos braços, ali, sim, pude sentir que todo menino é um rei. Essa canção embala nossos momentos, dos passeios à hora de dormir, porque Bento me faz vivê-la na prática. Alguns anos depois, eu e Marília tivemos nossa filha, Maria, e agora temos em casa um rei e uma rainha.

Com eles, hoje sou o melhor amigo da Corujita, amanhã sou o Lobo Mau que assopra as casas dos porquinhos e na semana que vem posso ser o pai da Peppa Pig, pulando em uma poça de lama com as minhas galochas imaginárias. Bento e Maria são o que querem e me ensinam todos os dias que eu também posso ser o que eu quiser.

Meus filhos me fizeram entender que todo menino é um rei (e toda menina é uma rainha) justamente porque "sonha com coisas que a gente cresce e não vê jamais". O que é a fé se não a capacidade de acreditar naquilo que a gente não vê? Com eles, aprendo a acreditar, confiar, sonhar e amar. Que tolice seria desperdiçar essa oportunidade de aprendizado, troca e amor. Que pena seria tratar a educação deles como só mais uma tarefa a ser concluída na vida.

Ninguém nega o fato de que educar os filhos é uma tarefa desafiadora — nem eu! —, mas tenho certeza de que essa missão se torna mais simples quando a gente desiste de copiar modelos de educação preestabelecidos e se dispõe a ouvir quem realmente importa: nossos filhos.

Hoje, muita gente diz que as crianças são mimadas e egoístas porque foram "estragadas" pelo amor excessivo dos pais. Eu, que fui criado em uma família de origem árabe, cresci ouvindo minha avó Georgete dizer que amor demais não estraga ninguém. Concordo com a (sempre sábia) vovó e vou um pouco além: o problema do mundo não é o excesso de amor, mas a falta dele. Amor não estraga nada, nem ninguém; só conserta.

O que pode, de fato, prejudicar a educação das nossas crianças é o amor *exclusivo* de seus pais. Um pai ou mãe que presenteia seus filhos sempre que pode, que traz lembranças de suas viagens, que põe os filhos no colo, abraça, beija, brinca e elogia não está fazendo absolutamente nada de errado. Quem erra é aquele pai que trata seus filhos com todo o seu amor, mas que se esquece ou se recusa a olhar amorosamente para o restante do mundo.

Se meus filhos se sentem amados por mim, mas não me veem cumprimentar o porteiro do meu prédio, elogiar o bom serviço de um garçom que me atende ou compartilhar as refeições com as minhas amadas amigas Micheli e Isabele, que me ajudam a cuidar deles, aí, sim, eles podem achar que são os únicos seres merecedores de amor no mundo. Aliás, essas amigas que chamo de "parceiras", são duas das pessoas mais importantes da minha vida.

Se meus filhos são meus grandes professores, elas são as inspetoras que organizam a sala de aula. São minhas amigas e duas grandes torcedoras da minha caminhada. Me dão conselho, apoio e afeto. Minha eterna gratidão.

Até hoje, há quem separe os talheres usados pelos funcionários que ajudam em casa, ou exija que a babá de seus filhos use uniforme para que se diferencie da família na rua. Se as crianças de uma família que tem esse tipo de conduta crescem e se transformam em adultos egoístas, tenho certeza de que o problema não foi o excesso de amor que receberam, mas a falta de amor com que viram seus pais tratarem o restante do mundo ao longo da vida.

Pais exemplares podem criar filhos egoístas se não forem também boas pessoas para a comunidade, bons cidadãos. Nossos filhos não aprendem com os ouvidos, mas, certamente, com os olhos, que observam nosso exemplo. Se eles crescerem nos vendo amar o próximo, certamente não se tornarão adultos que olham somente para si. Percebi isso há pouco tempo, quando recebi a visita de um amigo com a esposa e os filhos. O papo foi ótimo, nos divertimos juntos e as crianças se entenderam superbem. No dia seguinte, no café da manhã, Bento, que tinha passado a tarde brincando com o filho do meu amigo, comentou: "Papai, eu gostei muito de ontem. Mas você reparou que aquele menino tinha cara de triste?"

Eu também tinha percebido alguma coisa diferente no menino, mas ainda não havia sido capaz de entender o motivo do meu incômodo. Observador e sensível, Bento entendeu e soube verbalizar aquela impressão muito antes de mim. Todos os beijos, abraços e elogios que recebeu em casa não o impediram de se sensibilizar com o garoto que havia acabado de conhecer — pelo contrário, fizeram dele um menino que se importa com o que acontece ao seu redor e entende que, quando a gente vive em comunidade, o problema do próximo é problema nosso também.

Antes que você desconfie que eu seja um pai do tipo coruja, gostaria de deixar bem claro: sou mesmo. Não economizo elogios aos meus filhos, até porque entendo que o mundo pode ser cruel com a autoestima das crianças desde muito cedo. Como disse minha irmã, a psiquiatra Isabella Souza, no segundo capítulo deste livro, hoje os parâmetros de desempenho dos jovens e crianças são altíssimos. É claro que eu não exagero, não deixo de mostrar em que meus filhos podem melhorar, mas minha maior preocupação é não incentivar que eles se sintam ou queiram ser superiores aos demais. Não exijo que eles sejam os mais inteligentes da escola, os melhores em tudo. Meu amor por eles não depende disso.

No papo com os psiquiatras Isabella e Paulo, falamos muito sobre a dificuldade que as pessoas hoje têm de aceitar uma vida comum, normal, na média. Muitos pais esperam que seus filhos sejam sempre excepcionais, extraordinários, e às vezes distribuem elogios às crianças — talvez com a expectativa de que elas incorporem todas aquelas qualidades e, com o amor-próprio fortalecido, corram atrás dos gigantescos feitos esperados por seus pais. Acontece que, se uma criança passa a vida inteira ouvindo que é especial e acima da média, pode ser que ela cresça acreditando que não vai jamais fracassar — o que é impossível —, ou com medo de se arriscar e falhar — o que seria uma decepção para seus pais e para si mesma.

Por outro lado, pais excessivamente críticos e rígidos podem causar prejuízos à autoestima de seus filhos. Em seu livro *A conquista da felicidade*, de 1930, o filósofo e matemático Bertrand Russell escreveu: "Uma das principais causas da falta de entusiasmo é a sensação de que alguém não é amado, enquanto, inversamente, o sentimento de ser amado promove mais entusiasmo do que qualquer outra coisa." Estendendo esse pensamento de Russell à educação dos filhos, percebo que, quando criticamos demais nossos filhos e os comparamos a outras crianças, contribuímos para que cresçam se sentindo inseguros, com a autoconfiança abalada. Crianças raramente conseguem deixar de gostar de seus pais, mas, às vezes, de tanto ouvir críticas sobre o seu comportamento, sua personalidade, sua aparência, podem deixar de gostar de si mesmas.

Por isso, entendo que fazer elogios na medida certa e ressaltar o que um filho tem de melhor não é "estragá-lo", mas uma forma de acalentá-lo e de permitir que se sinta acolhido, nesse mundo que às vezes é tão cruel. "É a afeição recebida, não a afeição dada, que causa essa sensação de segurança", escreve Russell, "embora resulte, sobretudo, da afeição que é recíproca." Além disso, o papel de um bom líder, seja ele chefe, pai ou mãe, é encontrar o que as pessoas têm de melhor, o que fazem de certo, e não procurar os erros, como muitos acreditam. Aliás, no meu segundo livro, *LYdereZ*, falo sobre a força do incentivo como papel central de um líder, sem, é claro, distorcer a realidade ou criar ilusões.

Pais como eu às vezes são vistos como complacentes pelas pessoas que acreditam que só é possível aprender com a dor, ou que acham que os jovens de hoje deveriam passar por mais sofrimentos ao longo da vida para aprender a se comportar melhor. Quantas vezes você já ouviu alguém falar com nostalgia sobre uma época em que havia mais regras e mais rigidez na educação, do tempo em que as crianças sentiam medo de seus pais só de olhar para eles?

Alguns adultos da minha geração e das anteriores acreditam que, se os jovens de hoje sofressem mais, eles seriam revestidos de ética, e, consequentemente, nós teríamos um mundo mais harmonioso e justo. Como se o mundo construído por esses adultos — que um dia foram crianças que sofreram e tinham medo de seus pais — fosse um lugar do qual devêssemos nos orgulhar! Insistem na ideia de que criança deve "chorar na cama, que é lugar quente", mas não percebem que foi justamente esse pensamento que criou gerações de adultos reprimidos, incapazes de lidar com os próprios desejos e dores, de compartilhar seus sentimentos.

Muitos dizem sentir falta até mesmo da época em que bullying era chamado de "brincadeira", como se fosse positivo o fato de que, antigamente, toda criança tinha um apelido que expunha alguma fraqueza, destacava alguma diferença ou tocava em alguma ferida. Defendem que esse tipo de constrangimento tornava as crianças mais fortes, mais resilientes. Mas o que construímos foi uma sociedade discriminatória, amoral e intolerante às diferenças, que muitas vezes faz piadas para disfarçar seus preconceitos. Portanto, se a criação baseada na dor nos deu uma sociedade tão longe da ideal, por que não experimentamos ensinar a partir do amor?

Tive a sorte de nascer em um lar em que o amor sempre foi abundante. Minha irmã Isabella usa uma metáfora de que eu gosto muito. Ela diz que enxerga nossa família como uma rede, mas do tipo de trapezista: está ali não só para oferecer segurança, caso algum de nós caia, mas, principalmente, para impulsionar de volta aquele que se desequilibrou. É assim que tento criar meus filhos: sem acomodação e inércia, mas com acolhimento e afeto.

A capacidade de desenvolver o aprendizado a partir do amor é essencial para qualquer liderança, seja em casa ou no trabalho. Quando os filhos aprendem pela dor, quem os ensina é o mundo, e o papel que nos resta, como pais, é apenas o de consolo. Quando eles aprendem por meio do nosso amor, aí sim, somos professores. Se eu permito que minha filha caçula, Maria, ponha o dedo na tomada e leve um pequeno choque, é bem possível que, com essa dor, ela aprenda a não colocar mais o dedo ali. Mas eu também posso conversar com ela e explicar que não deve fazer isso. Como ainda é muito pequena, pode ser que ela não aprenda na primeira vez, nem na segunda, nem na terceira. Pode ser que eu precise impedi-la de pôr o dedo na tomada vinte vezes até que ela finalmente entenda que não deve fazer isso. Mas, quando esse dia chegar, ela terá aprendido comigo e, mais importante, terá aprendido com amor.

Durante essa quarentena, assumi o desafio de fazer o desfralde noturno da Maria. Repeti o que fiz com seu irmão: passei mais de um mês dormindo ao lado dela, expliquei por que e como passaríamos por esse desafio. Disse que acordaria quantas vezes fossem necessárias para levá-la ao banheiro. Assim o fiz. Por mais de dez vezes, acordamos, eu e ela, com o cheiro do xixi, molhados e abraçados. Aos poucos, aumentando o tempo entre uma vez e outra. O processo foi longo, intenso e maravilhoso. Alguns especialistas dizem que um bom método é o que deixa a criança sozinha, incomodada em estar molhada; eu preferi o método em que ficamos incomodados juntos (não tão incomodados assim), mas que possibilitou a cada ida ao banheiro um abraço ajoelhado à frente do vaso com aquela figurinha descabelada e cheirosa. Houve dias mais difíceis, onde tirar a fantasia de princesa ou de corujinha exigia mais habilidade do papai. No fim, deu certo, e para mim e para ela, foi inesquecível. Ensinei, ou será que aprendi, pelo amor.

Para quem tem pressa, a dor pode ser mesmo uma grande ferramenta. A questão é que a dor adestra, treina os sentidos, aguça as reações, mas só quem ensina é o amor. Quem opta pelo caminho da dor se livra do trabalho de ensinar, mas também abre mão do prazer recompensador de educar. Poucas coisas me fizeram tão feliz na vida quanto ver o Bento aprender a fazer letra cursiva, ou sentir a Maria me chamar no meio da noite para levá-la ao banheiro. Mas deu trabalho, porque ensinar requer tempo e, principalmente, paciência. Quem tem pressa não dispõe de nenhum desses recursos e, por isso, opta pela dor.

Recentemente, Bento me deu mais uma oportunidade de ensinar com amor. Ele aprendeu a arrotar. Isso mesmo. Deve ter achado divertido, e me contou com entusiasmo seu novo feito. Com muito amor e afeto, expliquei a ele que não poderia fazer mais isso, mas não seria fácil diante do novo aprendizado. Avisei que teria que falar várias vezes, mas que juntos conseguiríamos. Toda vez que ele arrotava, eu dizia: "Filho, vou falar mais uma vez, com amor: não faça isso. Tô te pedindo." Na primeira semana, percebi que minha estratégia não estava dando certo. Tive que usar a cabeça, e contei para ele nosso novo plano. Avisei pra ele que todas as vezes que sentássemos à mesa o lembraria antes de não fazer aquilo. Deu certo a ideia do aviso prévio. Na terceira semana, percebi que um dia, durante o café da manhã, ele saiu da mesa e foi ao banheiro. Ele não havia acendido a luz, nem dado descarga. Quando voltou, questionei: "Poxa, filho, você deve ter feito a maior bagunça lá! Não acendeu a luz, nem deu descarga!" Bento então me disse: "Papai, eu fui ao banheiro arrotar. Já aprendi!" Dei um beijo emocionado nele e me senti um bom professor, mas mais ainda um bom aluno, porque aprendemos juntos. Nunca pensei que um arroto me deixaria tão feliz.

Não aprendi a fazer isso em nenhum livro, e não pretendo, com esse exemplo, fazer da minha conduta um modelo. Afinal, não acredito em manuais que nos ensinem a cuidar dos filhos. Acho, aliás, que residem aí dois grandes problemas dos dias de hoje: a obesidade intelectual e a anorexia emocional. Muitos pais se preocupam em absorver diversas informações, regras, orientações e modelos de educação, mas se esquecem de criar vínculo e afeto — estes, sim, grandes ferramentas para se conhecer e educar uma criança. Querem saber de tudo, ter opinião sobre tudo, mas o fazem de maneira apressada, rasa, pouco aprofundada. Só o tempo permite que se transforme conhecimento em sabedoria — e não adianta tentar fazê-lo passar mais rápido!

Qualquer pessoa pode adquirir conhecimento, seja por meio da leitura, da educação ou da pesquisa. A sabedoria, entretanto, só vem com o tempo e, principalmente, com a vivência, com a troca, com um olhar capaz de enxergar o outro. Quando você pensa em uma pessoa sábia, qual é a imagem que vem à sua cabeça? Provavelmente, não é a do PhD em engenharia química que você viu ontem dando uma entrevista na televisão. Isso porque a sabedoria que nos toca não é a que se adquire nos livros, mas a que vem com a conversa, com as trocas de experiência com os mais velhos, com os laços, com os afetos.

Quer ver um exemplo? Não estava nos meus planos começar dois capítulos, em sequência, com trechos de canções de Nelson Rufino e Zé Luiz do Império. Quando me dei conta dessa aparente coincidência, lembrei-me de outro samba, dessa vez de Candeia, que diz que "o sambista não precisa ser membro da academia: ao ser natural em sua poesia, o povo lhe faz imortal". Rufino e Zé Luiz talvez nunca tenham recebido o reconhecimento das academias de intelectuais, mas foram inspirações tão fundamentais para estas minhas reflexões quanto Bertrand Russell e os dois doutores em psiquiatria que tiveram seu conhecimento compartilhado aqui.

Na época em que compôs seus primeiros sambas, Rufino trabalhava como encarregado de ferramentas em uma metalúrgica. Sua biografia no dicionário *Cravo Albin* revela que, às vezes, quando a inspiração vinha no meio do expediente, ele corria para o banheiro da empresa e compunha ali mesmo. Nelson Rufino não tem formação universitária, mas tem algo muito mais valioso: o dom de contemplar a vida, de captar a sutileza das coisas e de transformar suas reflexões em poesia. Essa, para mim, é a definição de sabedoria. Ou alguém teria a coragem de dizer que esse homem não é sábio? Além do mais, o samba sempre esteve aí para subverter a ordem. No mundo corporativo, pode-se usar o termo "fundo de quintal" como forma de desqualificar uma empresa ou dizer que o trabalho de alguém é amador, fraco. No samba, Fundo de Quintal é sinônimo da mais alta nobreza. A isso eu chamo de sabedoria.

Sabedoria é artigo raro. O que temos hoje é excesso de informação. Às vezes — quando estudamos a fundo e nos dedicamos de verdade, com tempo —, essa informação se transforma em conhecimento. Mas raramente somos capazes de transformar nosso conhecimento, por mais amplo que seja, em sabedoria. Para isso, nos falta afeto. Nos falta estar presentes.

É muito comum culpar a tecnologia pelo adoecimento da nossa sociedade. Especialmente quando falamos sobre a educação dos filhos, a tecnologia quase sempre é apontada como uma vilã pelos pais, que fazem comentários como "Lá em casa, ninguém conversa, é só celular". Acontece que, em 1930, Bertrand Russell já falava sobre os efeitos da pressa e do excesso de trabalho na vida das pessoas, sobretudo das famílias:

> Examinemos a vida de um desses homens. Podemos supor que tenha uma casa encantadora, uma esposa encantadora e filhos encantadores. Levanta muito cedo pela manhã, quando o restante da casa ainda dorme, e sai correndo para o escritório. Ali precisa exibir as qualidades de um grande executivo. [...] Chega

em casa cansado, com o tempo exato de vestir-se para o jantar. [...] Por fim, vai dormir e durante algumas horas relaxa um pouco. A vida de trabalho de um tal homem tem a mesma psicologia de uma corrida de 100 metros rasos. Mas, como a corrida de que está participando possui como única meta o túmulo, a concentração, que seria adequada para uma corrida de 100 metros rasos, chega a ser excessiva. Que sabe este homem sobre seus filhos? Nos dias úteis se acha no escritório, aos domingos, nos campos de golfe. Que sabe sobre sua mulher? Quando a deixa pela manhã, ela está dormindo. Durante todo o tempo de vigília, ambos estão comprometidos com "obrigações" sociais que impedem a conversa íntima. Provavelmente esse homem não tem amigos que sejam realmente importantes para ele, embora finja com muitas pessoas uma cordialidade que ele próprio gostaria de sentir. Sobre a primavera e a colheita só sabe aquilo que afeta o mercado; é bem possível que já tenha visitado outros países, mas com olhos de absoluto enfado. Os livros parecem-lhe uma tolice e a música, coisa de intelectuais. Ano após ano vai se vendo cada vez mais sozinho; sua atenção se concentra mais e mais, e sua vida, à parte os negócios, torna-se totalmente estéril.

A crítica de Bertrand Russell — desenvolvida em 1930, vale lembrar — caberia perfeitamente à vida de um homem ou de uma mulher dos dias de hoje, com pouquíssimos ajustes. Naquela época, não havia celular, computador, tablet ou videogame, mas as questões que hoje nos afligem já estavam presentes: excesso de trabalho e falta de afeto.

Muita pressa e pouco olho no olho. A tecnologia, portanto, não nos causou novos problemas: no máximo, deu nova roupagem aos problemas que a humanidade sempre teve.

A relação das crianças com as telas, tão comentada entre pais e professores, não precisa ser problemática. Pode-se encontrar um equilíbrio entre o tempo gasto no computador e as atividades ao ar livre, na companhia da família. Mas, para isso, é preciso que a família esteja verdadeiramente presente e disponível. Do contrário, como exigir que seu filho deixe de lado as telas, o videogame, o smartphone e o laptop, se você não sai do WhatsApp nem quando está dirigindo?

Imersos nas telas, pensamos no futuro, planejamos o dia de amanhã, mas nos esquecemos de olhar para aqueles que estão ao nosso lado no dia mais importante da nossa vida: hoje. Vivemos preocupados em nos manter atualizados, sem perceber que as pessoas que nos cercam são as que podem, de fato, nos trazer a sabedoria necessária para não parar no tempo. A gente só aprende de verdade a partir dessas trocas. O que nos nutre na vida é o que recebemos do outro quando entregamos um pouco de nós.

Quando conversava com minha avó e escutava suas histórias, não estávamos ali apenas valorizando o passado, mas construindo um presente repleto de experiências, lições, raízes e afeto. À luz das suas vivências, eu queria que ela me dissesse o que pensava sobre o momento. Minha avó era sábia porque não parou no tempo — não porque fosse uma expert em tecnologia ou internet, longe disso, mas porque conversava, compartilhava, trocava com gente de todas as idades o tempo todo. Isso é estar viva. Isso é estar presente, hoje. Aliás, há pouco tempo assisti a um documentário que traça um perfil afetivo e muito poético do compositor e músico Paulinho da Viola. *Meu tempo é hoje*, diz o título do filme. Minha avó poderia dizer o mesmo: foi uma mulher do seu tempo, em todos os tempos em que viveu.

Mas e você: seu tempo é hoje? Ou será que você vive olhando para o passado, ou para o futuro? Consagrado e admirado no país inteiro por sua obra, Paulinho da Viola teve a lucidez de perceber que, não importa quão grandioso tenha sido o nosso passado ou o quão promissor pareça o nosso futuro, tudo o que temos é o hoje. Nem o passado nem o futuro podem nos distrair da missão de construir um presente sem saudosismo, mas também sem pressa.

A tarefa se torna um pouco mais fácil quando nos lembramos de recorrer a quem realmente pode nos ajudar: filhos, pais, avós, amigos, colegas, o motorista do ônibus, a recepcionista do consultório médico. Gente. Somos os melhores professores uns dos outros e temos, diariamente, a oportunidade de aprender e ensinar. Aproveito essa oportunidade sempre: converso com as pessoas, ouço suas histórias, conto as minhas, bato papo sempre que posso, sem pressa. À noite, depois de brincar com meus filhos, levo cada um à sua cama, canto suas músicas preferidas e fico ali até que eles durmam. Enquanto adormecem, cantarolo os versos de Nelson Rufino e Zé Luiz: "Todo menino é um rei / Eu também já fui rei / Mas quá / Despertei." Meus filhos me ensinam todo dia a ser menino. E esse amor me impede de despertar do sonho bom que é essa vida, hoje e todos os dias.

6.
O PODER TRANSFORMADOR DO AFETO

"Se hoje fosse o último dia da minha vida, eu o viveria exatamente do jeito que já vivo todos os meus dias: aproveitando o presente."

A vida é o dever que nós trouxemos para fazer em casa.
Quando se vê, já são seis horas!
Quando se vê, já é sexta-feira!
Quando se vê, já é Natal
Quando se vê, já terminou o ano
Quando se vê, perdemos o amor da nossa vida.
Quando se vê, passaram 50 anos!
Agora é tarde demais para ser reprovado...

("O tempo", Mario Quintana)

Sempre que leio estas sábias palavras de Mario Quintana, me pego pensando: "se me fosse dado um dia, outra oportunidade", o que eu faria? E eu me sinto muito feliz e tranquilo quando concluo que, se hoje fosse o último dia da minha vida, eu o viveria exatamente do jeito que já vivo todos os meus dias: aproveitando o presente.

Aproveitar o presente não significa deixar de fazer planos, nem agir por impulso, de maneira inconsequente. Eu não me considero um cara inconsequente: pelo contrário, tomo as minhas decisões considerando o que é melhor para mim, para meus filhos e minha família, de olho no futuro. Mas faço questão de usufruir de verdade de cada momento que vivo, no presente.

Estar presente na vida das pessoas que eu amo foi o melhor jeito que encontrei de me manter vivo: percebi que só o diálogo e a troca de experiências podem me permitir, de fato, adquirir sabedoria ao longo da vida. É assim que a gente deixa o nosso legado, por meio da conversa, da troca de experiências, do afeto. Meu pai, por exemplo, já me deixou há muito tempo, mas eu ainda sinto sua presença nas lembranças que tenho dos nossos momentos, das nossas conversas, da nossa vida juntos. Quem sabe se fazer presente na vida dos que ama não morre nunca, porque deixa para sempre um pouco de si nos outros. Isso, para mim, é sabedoria: a capacidade de aprender com essas trocas, com as reflexões e vivências do outro.

É por isso que os livros nos trazem conhecimento, mas não sabedoria: esta, só o afeto, a escuta e o diálogo podem produzir. Em nossa vida urbana, agitada e apressada, as pessoas sábias são as que conseguem lidar com a ansiedade generalizada que toma conta da sociedade, as que sabem parar e, sobretudo, que sabem ouvir. Hoje, a gente só quer falar, mas dificilmente se propõe a ouvir. Somos especialistas em oratória, mas nos falta a "escutatória". Apesar de "empatia" ser uma das palavras mais em voga nos dias de hoje, poucas vezes nos colocamos de fato no lugar do outro, justamente porque não estamos dispostos a ouvi-lo.

Quantas vezes interrompemos nossos amigos porque o que temos a dizer parece mais interessante do que a história que estamos ouvindo? Quantas vezes passamos a conversa inteira apenas esperando nossa vez de falar, sem escutar de verdade o que o outro diz? E quantas vezes o que era para ser um simples desabafo de um amigo se transforma em uma competição de problemas? Alguém diz que está com dor de cabeça, você responde que tem enxaqueca crônica; sua colega de trabalho conta que brigou com o namorado, você reclama que não sabe o que é namorar alguém há dois anos; seu marido diz que teve duas reuniões no dia, você diz que teve cinco reuniões e não almoçou! Disputamos a atenção dos outros, enfileirando nossos problemas, como se apenas eles nos tornassem dignos de nota. Acontece que conversar é falar na mesma proporção em que se escuta. Se não ouvimos o outro, não existe diálogo.

Enquanto escrevo este livro, em tempos de pandemia, ouço especialistas, repórteres e autoridades falarem sobre a necessidade urgente de mudarmos hábitos que são nocivos para a sociedade. Eu concordo! A questão é que incorporamos rapidamente o hábito de lavar as mãos com mais frequência, de higienizar as compras e de usar máscara ao sair nas ruas, mas relutamos muito em rever atitudes que também nos põem em risco como sociedade: a intolerância, o descaso, o egoísmo, a pressa. Poderia ser tão diferente!

Quando a pandemia da Covid-19 obrigou que nos recolhêssemos, em quarentena, minha casa estava em obra. Não era qualquer obra, mas "a" obra, uma reforma completa. Nem preciso dizer que reformar a casa inteira e ir morar com a sogra durante a maior pandemia que nossa geração já viu não é exatamente uma empreitada tranquila. Mas é sem medo de parecer puxa-saco que eu digo que morar na casa da minha sogra, dona Maysa, foi um dos melhores momentos da minha vida em família, graças aos jantares maravilhosos que ela prepara e às conversas deliciosas que temos em casa. Saí do conforto do meu lar e vi meu orçamento reduzido, por conta dos gastos extras que vieram com a reforma em meio à pandemia, mas vivi dias maravilhosos.

Aproveitando o presente, transformamos esse momento que poderia ser um grande transtorno em uma lembrança maravilhosa, que vamos levar para o resto da vida. Esse período, aliás, me fez lembrar dos primeiros anos do meu casamento com a Marília, quando moramos no mesmo prédio que minha mãe, minha avó, minha tia--avó, minhas primas (família libanesa é assim mesmo). Foi uma época de convivência intensa, com muito cuidado entre nós, e que está eternizada na minha memória como um momento em que aprofundei as minhas raízes, exatamente como agora. Termino de escrever este livro sem que o apartamento esteja pronto e sem nenhuma pressa também, porque o presente tem sido muito bom.

A reforma precisou ser paralisada por quarenta dias, o que me trouxe alguma dor de cabeça. Mas o que poderia ter sido um pesadelo também se tornou um grande prazer, graças ao Fernando, o cara que escolhi para comandar essa obra. Isolado, sem poder sair de casa e encontrar um amigo para tomar um café, bater papo ou jogar bola, acabei transformando o Fernando e seus companheiros de trabalho em meus melhores amigos.

Fernando já enfrentou muitas dificuldades na vida, mas é um cara positivo, porque tudo que vem dele tem afeto. Quando montou um time para trabalhar, escolheu pelo afeto. Além dos seus dois filhos, Adriano e Juliano, Fernando trouxe para sua equipe o Michael, que ele conheceu pequenininho — o pai de Michael era motorista do ônibus em que Fernando trabalhava como cobrador —, o Gustavo, que me recebia sempre com um astral maravilhoso, o seu Pedro, que, apesar de não ter tido a oportunidade de aprender a escrever, é um artista que trabalha com talento e capricho, e o Reginaldo, um tricolor gente boa com quem eu, flamenguista, sempre me diverti muito falando da vida e de futebol. E para fechar essa seleção do bem, meu amigo Vitor, primo do

Nandinho, músico incrível que, além de tocar banjo nas rodas de samba, ajuda a construir o meu lar. Vitor ama meus filhos e meus filhos amam Vitor. Em meio ao caos completo, os momentos em que acompanhava aquela obra se transformaram no ponto alto dos meus dias, graças às nossas conversas, às nossas trocas, às histórias que eles me contaram e as que eu dividi com eles.

Como a vida lá fora estava praticamente em suspenso, em stand-by, pude dedicar meu tempo a conhecer o processo, entender a arte e a inteligência que existem por trás de cada movimento. Aprendi muito com o Fernando sobre gestão do tempo, observando como ele se planejava para pôr suas ideias em prática durante as 26 semanas de trabalho contratadas. Um dia, aliás, cheguei ao apartamento e me deparei com o Fernando ajudando a equipe terceirizada responsável pelo pergolado da varanda a carregar placas de aço bem pesadas. Ele me explicou que, sozinhos, aqueles rapazes levariam muito tempo para carregar todas as placas e, por isso, havia resolvido mobilizar todo o seu pessoal para ajudar no carregamento. Eram oito homens totalmente dedicados à missão. "É um *diazinho* que a gente para. Mas o que é um dia a mais de trabalho na obra, perto da satisfação de ajudar um novo amigo?", me disse o Fernando, em mais uma das suas lições. Perto dele, pude ver como a obra é coordenada, entender a logística e conhecer as complexas operações envolvidas na reforma de um apartamento de 300 metros quadrados. Estar totalmente presente me proporcionou esse aprendizado, e não estar somente eu presente. Levei meus filhos, para e por quem fiz tudo tão caprichado, para acompanharem o projeto. Dei martelo para eles quebrarem parede, e como foi divertido! Mostrava toda semana o que aquele time tinha feito, e ganhei como recompensa uma linda frase do meu Bento, uma frase que eu gostaria de escutar do mundo inteiro: "Papai, o tio Fernando e os tios da obra devem ganhar muito bem, porque eles trabalham muito e constroem casas superlegais!" Infelizmente, não é necessariamente este valor que o mundo dá a cada trabalho, mas o Bento entendeu direitinho o valor que a gente pode dar a cada trabalho. Espero que ele cresça e nunca esqueça.

Mas esse não foi o meu maior ganho. Afinal, se, durante aquela obra, em um momento de tanta instabilidade no mundo, eu entrasse na minha casa, toda quebrada, e não me visse rodeado de pessoas que me transmitissem segurança, tranquilidade e, principalmente, afeto, teria sido muito mais difícil viver esse período tão atípico. Se eu tivesse ali apenas fornecedores, em vez de amigos, como teria sido angustiante! Tive a sorte de poder parar um pouquinho para ouvir e conversar com Fernando, Michael, seu Pedro, Gustavo, Reginaldo. Pude aprender com a sabedoria deles. Afinal, quem melhor que uma equipe de construtores para ensinar que, na vida, é preciso dar um passo de cada vez, tijolo por tijolo, respeitando o tempo das coisas?

Que desperdício teria sido passar por essa obra sem aproveitar a companhia do Fernando. Cada pessoa é um universo — tem memória, aprendizado, história para contar — e desperdiçar a oportunidade de acessar esse universo é desperdiçar vida. Talvez esse seja um dos nossos maiores problemas hoje: somos uma sociedade que muito discursa, mas que raramente escuta. Que não aceita divergências, não acolhe quem pensa diferente, não dá chance para que o outro aprenda e evolua, que "cancela" antes mesmo de ouvir o que o outro tem a dizer.

Em meu segundo livro, *LYdereZ*, dediquei um capítulo inteiro à tolerância. Falei sobre nossa tendência ao isolamento nas "bolhas", onde a gente só convive com quem é parecido com a gente ou tem as mesmas preferências, gostos e posicionamentos. O livro foi lançado em 2018 e eu sinto que, de lá para cá, não evoluímos no quesito tolerância. Pelo contrário: discursos de ódio ganharam ainda mais espaço e a convivência entre aqueles que pensam diferente se tornou praticamente impossível, como se um abismo separasse uns dos outros — um vazio que poderia ser preenchido com afeto, diálogo, tolerância e escuta.

Vivemos um momento em que ter razão parece ser a maior preocupação e o grande propósito da maioria das pessoas. Defendemos nossas convicções, muitas vezes com agressividade, como se fossem verdades absolutas. Toda opinião contrária é vista como ofensa. Do alto da nossa arrogância, entendemos qualquer questionamento ou ponderação como um acinte, uma insinuação de que não somos perfeitos — que absurdo, não? Às pequenas mentiras que contamos a nós mesmos, no dia a dia, somam-se agora mentiras cada vez maiores. Chegamos ao ponto em que compartilhamos notícias falsas, distorcemos fatos, criamos narrativas e insistimos em discussões que nos desconectam dos nossos entes queridos para sustentar convicções a qualquer custo. Com pressa, mais uma vez, não ouvimos, não enxergamos.

Somente um olhar atento e afetivo para o outro pode nos curar dessa pressa cíclica que experimentamos hoje. Enquanto cada um insistir em viver olhando apenas para si — para as próprias dores e demandas, sem se conectar de fato com as outras pessoas, sem se preocupar com os demais, sem considerar o outro —, dificilmente algo vai mudar.

A falta de afeto prejudica nossas relações pessoais, amorosas, familiares, mas é ainda mais evidente e nociva no ambiente de trabalho. Ainda hoje, muitos líderes (ou melhor, chefes, à moda antiga) continuam apegados a velhos padrões, insistindo em cultivar relações de medo e subserviência. Na visão dessas pessoas, não há espaço no trabalho para o carinho, a diversão, o companheirismo — tudo isso é visto como "frescura". Acontece que o líder que impede seu time de trabalhar com encantamento e emoção consegue acabar com a motivação de qualquer um, porque elimina justamente a parte boa do processo. A parte boa da vida!

Nós nos habituamos a enxergar o mundo dos negócios como um campo de guerra, onde o objetivo é derrubar adversários. Foi o meu grande amigo Evans, já citado no meu livro LYdereZ, quem me chamou a atenção para isso: muitas empresas, até hoje, dizem que têm "missão", exatamente como na guerra. Como o mundo seria melhor se pudéssemos trocar a "missão" pela causa, a "visão" pelo olhar — um olhar que enxergue de verdade o que acontece ao redor —, não só no trabalho, mas na vida como um todo. Daí, a proposta é que a tríade sagrada do mundo corporativo — visão, missão e valores — se torne "olhar, causa e sentimentos". Sentimentos, sim, emoções. Por que insistimos em formatar ambientes corporativos tão avessos aos sentimentos, funcionários temerosos em lidar com suas emoções? Empresas são feitas de pessoas, e pessoas, de sentimentos. Nada mais lógico que, então, empresas serem feitas desses sentimentos.

Afeto é artigo raro nos dias de hoje, entre outras razões, porque demanda tempo — e a gente vive com pressa. Abrir a janela do carro e entregar uma quentinha a alguém que tem fome é ajudar, mas não é dar afeto. Afeto é olhar nos olhos desse alguém, apertar sua mão e dizer "Trouxe pra você, espero que goste". É cuidado, atenção, sorriso, consideração. Entendo o afeto como um mosaico de vários sentimentos e virtudes: carinho, atenção, generosidade, empatia, acolhimento, calor. É diferente do amor, que para mim é o rei absoluto, supremo, magnânimo. É possível dar afeto mesmo quando não amamos o outro. Do mesmo modo, é possível amar alguém, mas não ser capaz de dar afeto, cuidar, ouvir aquela pessoa. Sabe quando você ama muito alguém, pode ser até uma pessoa da sua família, mas não tem paciência, vontade de conversar, de passar muito tempo junto? Não falta amor aí, mas talvez esteja faltando afeto.

Para mim, não existe outro caminho. Se quisermos mesmo que o mundo mude — e, aparentemente, todo mundo quer —, temos que nos agarrar com todas as forças à mais poderosa das ferramentas de transformação: o afeto. É impressionante o poder que o afeto tem de transformar as relações e, sobretudo, de transformar as pessoas. Se você duvida, experimente responder com afeto quando alguém for grosseiro ou hostil com você. O agressor espera receber agressão de volta, mas, quando recebe afeto, se surpreende e, na maioria das vezes, se "desarma". No mundo das relações frias e pragmáticas, tratar o próximo com afeto é praticamente um ato subversivo. Afeto aquece, acolhe, nutre, abastece e transforma. Que cada um de nós comece, então, uma pequena revolução à sua volta. Sejamos a revolução que o mundo precisa: sejamos afeto.

7.
O PRESENTE DO FUTURO

"A grande inimiga das relações humanas não é, portanto, a tecnologia, mas a pressa."

Valor presente é um livro especial. Sei que todo pai fala isso de seus filhos, mas eu — pai orgulhoso de duas crianças e três livros — não faço a menor questão de ser diferente. Meus três livros são, para mim, como Bento e Maria: únicos, incomparáveis e amados na mesma medida. Cada um deles contém uma parte muito importante de mim, das minhas experiências, do que aprendi com a vida e com as pessoas que encontrei no caminho.

Empreendendo felicidade é inesquecível: trouxe a realização do sonho de ter um livro publicado e a redescoberta de um amor pela leitura que andava adormecido. Com o segundo, *LYdereZ*, pude falar para as jovens lideranças, para essa geração em que tanto acredito. Registrei ali histórias de pessoas que amo muito e que me dão orgulho até hoje. *Valor presente* já tinha muita importância para mim, por encerrar (até agora!) essa trilogia, mas o contexto em que foi escrito o tornou ainda mais especial.

Falar sobre o momento presente, em 2020, tornou-se fundamental. Quando tive a ideia de escrever este livro, planejei falar sobre a pressa crônica que domina nossa sociedade e nos deixa inquietos, ansiosos, incapazes de aproveitar a vida. Os planos, no entanto, precisaram mudar no meio do caminho: grande parte do livro já havia sido escrita quando a pandemia da Covid-19 se alastrou pelo mundo, roubou milhares de vidas e nos obrigou ao isolamento e à paralisação de nossas atividades, pela sobrevivência. Acho que nenhum de nós jamais imaginou viver um momento assim.

A pandemia não interferiu apenas nas questões práticas de produção, lançamento e distribuição do livro, mas, sobretudo, em seu conteúdo, já que provocou muitas discussões e reflexões. Todos nós tivemos que aprender a lidar não apenas com uma doença desconhecida, contagiosa e potencialmente fatal, mas também com as incertezas que vieram a reboque. De repente, o passado parecia já não servir como referência, uma vez que nada do que vivemos nos preparou para essa situação inédita, sem precedentes. Já o futuro, a menina dos olhos dessa sociedade ansiosa, nunca foi tão incerto quanto agora. Acostumados a pautar nossa vida por prazos externos, nos vimos sem prazo algum, sem a menor previsão de quando seria possível retomar mesmo os hábitos mais triviais. Isolados em nossas casas, com nossos planos adiados e nossas atividades paralisadas, vimos o presente se tornar pendente.

Além das reflexões, a quarentena me trouxe a oportunidade — e a necessidade! — de pôr em prática tudo aquilo sobre o que falo nas minhas palestras e nos meus livros. Da reforma da minha casa à publicação deste livro, precisei frear a minha pressa, lidar com as frustrações que vieram, esperar o tempo das coisas e confiar que tudo daria certo. O isolamento me fez atentar ainda mais para a necessidade de despertar o meu eu — e é algo que eu incentivo que todo mundo faça. Cada um, no entanto, tem o seu método para fazê-lo.

Uma das maneiras de chegar a esse "despertar" é encontrando interesses gerais, sem vínculo com nenhum compromisso específico, sem pretensão. Nessa vida que nos estimula a produzir o tempo todo, muitas vezes nos culpamos pelo ócio, pelo descanso ou pelo prazer que encontramos em hábitos que não necessariamente agregam à nossa vida profissional ou ao crescimento intelectual. Fazemos um esforço enorme para estudar, aprender, ler e assistir a tudo o que está em voga e que pode nos tornar profissionais melhores, mas nem sempre dedicamos tempo ao que nos diverte, entretém e relaxa. Ouvir uma boa música, ler um livro que não remeta a nenhum compromisso, ver um programa qualquer na TV, praticar um esporte sem a pretensão de competir, pintar um quadro sem a intenção de expor.

É com esse espírito que eu entro no mar, com a prancha nas mãos, para pegar algumas ondas. O futebol e o jiu-jítsu são grandes paixões, mas o surfe me traz leveza. Sempre me destaquei no futebol, chegando a ser convidado para jogar profissionalmente, e, no jiu-jítsu, fui campeão brasileiro e estadual. A chuteira e o quimono, portanto, sempre me trazem alguma expectativa. Já no surfe, eu sou um pangaré. Nunca me destaquei no mar. Posso errar o quanto quiser, tomar os caldos mais ridículos: ninguém vai se decepcionar. Nem eu! E que delícia é essa sensação! Fazer algo por fazer — por gostar, sem finalidade alguma além do próprio bem-estar — ajuda a romper com o lado nocivo dessa sociedade da eficácia e do resultado, em que cada um só vale pelo que consegue produzir.

A necessidade de lidar com as incertezas que a pandemia trouxe me fez também construir um olhar mais profundo sobre as diversas narrativas de fé. Sou um católico daquele tipo que vai à missa todos os domingos, comunga e faz promessa. Tenho muita fé nesse credo, acredito na ressurreição dos mortos, na vida eterna, o pacote completo. Mas, apesar de ter essa fé tão sólida, tão forte e transformadora dentro de mim, tenho também a consciência de que esse caminho — o caminho que eu escolhi — é apenas uma entre as diversas possibilidades e narrativas que existem acerca da espiritualidade.

Como seria bom se entendêssemos que, se cada um é de um jeito, Deus também pode ser do jeito de cada um. Quanto tempo a gente perde tentando convencer os outros de que a nossa narrativa é a única possível, a única verdadeira! Além de ineficaz, essa abordagem é ainda arrogante e até mesmo agressiva, pois tomar nossa própria experiência como a única verdadeira é declarar mentirosas todas as pessoas que escolhem viver de outro modo. É como se eu dissesse que os judeus, muçulmanos, umbandistas, ateus, enfim, que todos os não católicos do mundo mentem — ou ainda não alcançaram a minha grande sabedoria. Acontece que quem se julga superior ao outro, dono de uma sabedoria especial, passa a vida ansioso, achando-se um incompreendido, como se o mundo não fosse capaz de alcançá-lo.

Buscar a tolerância é, portanto, um gesto pela coletividade, mas que também faz muito bem a quem o pratica. A convivência entre pessoas tolerantes é muito mais leve, prazerosa e tranquila. Rodear-se de pessoas que nos fazem bem é uma das melhores maneiras de afastar essa pressa crônica em que vivemos. Cada pessoa pode nos fazer bem de um jeito: tem aquela amiga que faz rir, um tio que faz pensar, um colega de trabalho que estimula a estudar. Quem se cerca de boas relações entrega sempre o que tem de melhor para o outro, e recebe também o que o outro tem de bom. Ao contrário, quando nos cercamos de relações ruins, nocivas, geralmente entregamos nosso pior lado para o próximo — e não gostamos nada do que vem em troca! Esse círculo vicioso se repete em relações de marido e mulher, de pai e filho, de gente que se ama muito, mas que não consegue doar esse amor. Gente que distribui sorrisos e afeto na rua, mas que entrega egoísmo, cobrança, medo, pressão e impaciência justamente para aqueles que mais ama! Aos poucos, as relações vão se deteriorando, tornando-se miseráveis, até que o amor não resiste. Como é bom quando a gente consegue entregar o que tem de melhor para o outro. Geralmente, os maiores beneficiados somos nós mesmos.

A pandemia nos incentiva a olhar para dentro como indivíduos, mas também como sociedade. Um momento como este deixa expostas as fragilidades do modo como escolhemos viver. O vírus não escolhe classe social: pode atingir qualquer pessoa. Mas, enquanto uns têm acesso ao melhor serviço médico, a perfeitas condições de higiene e conforto em casa, outros sequer têm água potável disponível para lavar as mãos. Nós, como sociedade, seguimos escolhendo quais vidas valem mais.

Não fomos nós quem criamos o vírus — a pandemia, portanto, não é culpa nossa. Mas a forma desigual como a pandemia atinge as pessoas de diferentes classes sociais, essa sim, é nossa responsabilidade. Acreditamos que somos superiores uns aos outros, ouvimos pouco. Adotamos como *modus operandi* a indiferença, o individualismo e o isolamento emocional muito antes do surgimento do coronavírus. Mas a pandemia nos fez enxergar como fazem falta o diálogo, o afeto, a presença do outro.

Neste momento tão difícil, recuperamos algo que parecia distante e improvável: o prazer de uma conversa olho no olho, de ouvir a voz de um amigo sem a interferência de nenhum sinal, do toque, do abraço, do beijo. Antes, nossas reuniões com amigos mais parecia um conjunto de ilhas: cada um isolado na sua bolha, olhando para uma tela. Na quarentena, por mais que todas as telas estivessem disponíveis, sentimos falta da presença física de um amigo. Encontrar um vizinho na rua, em uma ida ao mercado, virou uma grande alegria: que prazer é conversar com alguém conhecido e vê-lo sorrindo, mesmo que por baixo da máscara.

Nós, que quase não conversávamos mais, redescobrimos esse prazer. No meu perfil do Instagram, por exemplo, conversei com diversos amigos em *lives* de uma hora, que foram assistidas por centenas, algumas por milhares de pessoas. Nos quatro primeiros meses da quarentena, realizamos mais de cem conversas que não teriam existido, não fosse a peculiaridade do momento que experimentamos. E quanto aprendizado essas conversas trouxeram!

Na live com a Fafá de Belém, pude ouvi-la falar sobre a fé, que entrou em sua vida por meio da arte do Sírio de Nazaré. O ator Dudu Azevedo, que interpretou Jesus Cristo em uma novela da Record, me contou como se conectou com esse espírito de resiliência, recolhimento e

VALOR PRESENTE | 119

propósito de um jeito que me emocionou muito. Conversei também com meu maior ídolo no futebol, Júnior, o maestro do Flamengo, que relembrou os tempos áureos do time e contou que amava estar junto com seus companheiros, em um papo que me fez lembrar muito do Flamengo de hoje, com jogadores que têm prazer em jogar e treinar, que jogam com amor, porque gostam do que fazem. Foram tantas conversas: minha irmã, a psiquiatra Isabella Souza, que tanto contribuiu com este livro; o gari Renato Sorriso, com sua ideia de dignidade, alegria e respeito às origens; chorei ao vivo com Carpinejar e com Rafael Zulu; falei sobre felicidade com a querida Patrícia Poeta; descompensei de rir com Rica Perrone; e me emocionei novamente com Thalita Rebouças; atendi a vários pedidos de seguidores para terem uma hora de conversa pública... Horas e mais horas de conversas — talvez mais do que muita gente já praticou ao longo da vida inteira, nessa rotina de pressa.

O exemplo das lives afasta aquela ideia de que a tecnologia é, necessariamente, uma inimiga da qualidade das nossas relações. A tecnologia vem para acelerar os processos cuja execução não depende dos humanos, mas não para acelerar nossa própria vida — isso fomos nós que fizemos. Se usarmos as máquinas para poupar nosso tempo, ampliar nossas opções de lazer com aqueles que amamos, encurtar distâncias, redescobrir amigos há muito tempo sumidos, aí teremos feito bom uso da tecnologia. Mas se, ao contrário, nos tornarmos reféns e desperdiçarmos horas e horas diante das telas, seremos nós os responsáveis pelas consequências disso em nossas relações pessoais, familiares e amorosas.

A grande inimiga das relações humanas não é, portanto, a tecnologia, mas a pressa. Nesse mundo agitado, ansioso e apressado, sábio é aquele que entende a hora de parar, que gosta de ouvir o que o outro tem a dizer, que consegue esperar o tempo que for preciso, sem tentar controlar o relógio e o rumo dos acontecimentos. Afinal, se a gente tinha alguma dúvida de que o futuro é imprevisível, 2020 tratou de deixar isso bem evidente. Aproveitemos, então, o presente, porque a vida não pode entrar em modo de espera. Essa é nossa única emergência.

8.
A CONQUISTA DA IMORTALIDADE

"Com sua sabedoria de menino, Bento foi capaz de perceber que o valor do tempo não é medido pela quantidade, mas pela qualidade."

Dediquei alguns meses da minha vida a escrever este livro em que me dispus a falar sobre o valor do tempo e do presente. Ciente da responsabilidade que é tratar desse assunto, recorri a teóricos, entrevistei psiquiatras, fiz muitas pesquisas. Mas talvez a essência do que trata este livro pudesse ser resumida em aulas que eu tive com o professor de quem falei no capítulo 5: meu filho, Bento. Poderia ter escolhido um passeio recente que fiz com ele pelo cemitério. Estávamos voltando da escola, e Bento me perguntou o que acontecia dentro daquele lugar de muros altos e imagens sacras. Resolvi parar a bicicleta e fazer aquele inusitado passeio com ele. Foi demais; enquanto eu ainda explicava que ali era um local para onde todos nós iríamos quando morrêssemos, encontramos uma galinha. Isso mesmo, uma galinha. Com a criatividade que só as crianças têm — e como diria Antoine de Saint-Exupéry, no livro *O pequeno príncipe*, "crianças não entendem como nós adultos não entendemos eles" —, Bento usou a sua. Me perguntou se aquela galinha estava atrás do seu finado dono. Diante daquela divertida colocação, afirmei que sim. Seguimos atrás da galinha, com a divertida missão de encontrar onde estava o morto.

Subimos nas sepulturas, treinamos a capacidade de leitura recém-adquirida por ele, na tentativa de ler cada nome escrito nos mausoléus. Chegamos, enfim, na sepultura do seu bisavô, José, e de sua bisavó, Georgete. Lá sentamos, e fizemos um lanche com o resto da merenda. Vimos a foto do meu avô, contamos histórias e expliquei sobre a morte. Afinal de contas, essa é a única certeza que temos.

Já a imortalidade fica por conta de um dia, enquanto andávamos de bicicleta pelo Bairro Peixoto, em que Bento me fez uma daquelas perguntas típicas de quem está descobrindo a vida: "Papai, eu vou ficar velho?" Respondi que sim, se tudo desse certo, ele um dia seria bem velhinho. Em seguida, Bento fez a pergunta que eu já esperava: "Eu vou morrer?" Respondi novamente que sim, todos nós um dia vamos morrer. Foi então que ele me surpreendeu e disse: "É verdade, todos nós vamos morrer. Mas a vovó Vera é tão legal, ela brinca tanto, que eu acho que ela é imortal."

Essas palavras tão simples, ditas pelo Bento com uma pureza infantil, me deixaram profundamente emocionado. Aos seis anos, recém-alfabetizado, meu filho chegou à mesma conclusão que eu, que fiz pesquisas, li vários livros e estudei um bocado para escrever *Valor presente*. Com sua sabedoria de menino, foi capaz de perceber que o valor do tempo não é medido pela quantidade, mas pela qualidade. A vovó Vera, minha mãe, não vai à nossa casa todos os dias, mas, sempre que encontra os netos, está presente de corpo e alma. Senta no chão, brinca, gargalha e se diverte mais que eles. Aproveita o tempo, aproveita o presente. Deixa um pouquinho de si para os netos e para todos com quem convive. Pessoas assim não morrem nunca: vivem eternamente dentro da gente. Bento, meu filho, você tem toda razão.

Este livro é, portanto, uma grande homenagem à minha família, que diariamente me faz relembrar que a imortalidade vive no presente. Com vocês, me sinto imortal.

best.
business

Este livro foi composto na tipografia Palatino LT Std,
em corpo 11/15, e impresso em papel off-white no Sistema
Cameron da Divisão Gráfica da Distribuidora Record.